Mein Dank

Fränzi, Nina und alle, die mir beigestanden sind.

Thomas Knapp

Autor und Herausgeber

Wenn noch so dunkle Wolken die Sonne verdecken,
sie gehen vorüber, und zum Glück bleibt der Himmel.

Curt Goetz
Schauspieler und Dramatiker, 1888 – 1960

VERLAG
Textwerkstatt

GESTALTUNG
Textwerkstatt Knapp

UMSCHLAG
Textwerkstatt
Druckerei Ebikon AG

LEKTORAT
Textwerkstatt
Sam Bieri

KORREKTORAT
Sam Bieri
korrektiv@bluewin.ch

DRUCK/HERSTELLUNG
Druckerei Ebikon AG

4. Auflage 2006
ISBN 3-033-00461-X
ISBN-13: 978-3-033-00461-0
2005 Verlag Textwerkstatt

Burn-out

In den Krallen des Raubvogels

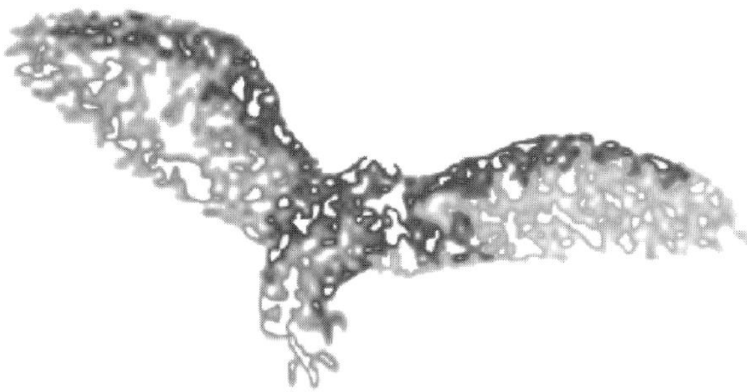

Thomas Knapp

Adrian Burki
Andreas Lüthi
Daniel Zanetti

Adriana Bella (Fotos)

Verlag Textwerkstatt

DONATOREN

Die Herausgabe dieses Buches war nur dank der grosszügigen Unterstützung einiger Firmen möglich. Den Geldgebern danke ich nochmals herzlich für ihren Beitrag.

RAIFFEISEN-GRUPPE

NOVARTIS

MIGROS KULTURPROZENT

FUNDAMENTA Personalvorsorge AG, Olten

ASPHALIA AG, Versicherungsanalysen, Olten

SIEGRIST & TSCHUOR AG, Malen - Gipsen - Trocknen
Olten   Küsnacht ZH   Zug   Aarburg   Cagiallo TI

Thomas Knapp, Herausgeber

Juni 2005

INHALTSVERZEICHNIS

PROLOG

Thomas Knapp

Die körperliche und seelische Erschöpfung kann jeden treffen. Ignorieren Sie die Signale, die Sie von Ihrem Körper erhalten, auf keinen Fall.

Die Signale nicht ignorieren

Ich habe dieses Buch geschrieben, weil ich meine Erfahrungen mit dem Burn-out-Syndrom weitergeben will. Ich habe während der Krankheit Gedanken und Gefühle in Worte gefasst. Vielleicht hilft das Erlebte anderen Burn-out-Opfern auf dem Weg zurück ins Leben. Oder vielleicht kann es verhindern, dass jemand in eine solche Situation gerät. Denn die körperliche und seelische Erschöpfung kann jeden treffen. Sie kommt schleichend und schlägt dann zu, wenn es der Betroffene nicht erwartet; auch wenn sie sich schon längst angekündigt hat. Wie ein Raubvogel, der weit oben seine Kreise dreht. Irgendwann wird er sich hinabstürzen. Und die Krallen, die sich unbarmherzig ins Fleisch bohren, hinterlassen tiefe Wunden.

Ich habe versucht, diese bleierne Müdigkeit in Worte zu fassen. «Burn-out» ist nicht leicht zu erklären. Was heisst ausgebrannt?

Die körperlichen Symptome wie Schlafstörungen, Durchfall, Muskelschmerzen, Schwindelanfälle oder Erschöpfung könnten auch von einer Grippe oder einem anderen Virus herrühren. Aber in den geistigen Empfindungen läuft etwas ab, das aus meiner Sicht nur schwer zu fassen ist. Es ist eine Krankheit, deren Ursprung auch im Seelischen liegt und die deshalb eine ganzheitliche Betrachtungsweise (Psychosomatik) erfordert.

Der vorliegende Burn-out-Report ist mehr als ein Erfahrungsbericht. Drei Ko-Autoren betrachten die Krankheit aus einem anderen Blickwinkel. Der Kommunikationsprofi Daniel Zanetti, der Psychosomatiker Andreas Lüthi und der Schulmediziner Adrian Burki. All dieses Wissen zeigt Wege und Möglichkeiten auf, wie man mit dem Burn-out-Syndrom umgehen kann. Es ist ein Ratgeber für alle, die an ihre Leistungsgrenzen gehen: Unternehmer, Führungskräfte, Hausfrauen, Ärzte, Pflegepersonal, Lehrer oder Sportler.

Ich wünsche Ihnen, liebe Leserin, lieber Leser, lehrreiche und spannende Stunden bei der Lektüre dieses Buches. Ich bin überzeugt, dass Sie sich darin manchmal selber wiedererkennen.

Wenn Sie sich vor einer wichtigen Sitzung übergeben müssen, Sie beim Arbeiten überfordert sind, beim Sport die Leistung nicht mehr erbringen und Sie sich in der Freizeit nicht mehr erholen können – dann ignorieren Sie die Signale, die Sie von Ihrem Körper erhalten, auf keinen Fall.

Ganz weit oben, nicht sichtbar für das menschliche Auge, kreist der Raubvogel. Immer bereit, sich bei der kleinsten Schwäche auf sein wehrloses Opfer hinabzustürzen.

1. KAPITEL

Thomas Knapp

In den Krallen des Raubvogels

Es gab jene Momente, in denen ich es als angenehmer empfunden hätte, in einem Spitalbett zu liegen: mit einem Gipsbein, einem Kopfverband oder mit Schläuchen an eine Maschine angeschlossen. Dann wäre ich nämlich sofort als kranker Mensch erkannt worden.

Der 18. Oktober

Es ist Montagmorgen. Beim Frühstück schmeckt der Kaffee anders als sonst. Doch es ist derselbe Kaffee, den ich seit Monaten trinke. Ein bisschen Milch, keinen Zucker. Am schwarzen Gebräu kann es also nicht liegen, dass ich heute auch nach zwei Tassen nicht wach werde. Das Koffein zeigt keinerlei Wirkung. Ich bin erschöpft. Ich bin ratlos, hilflos und auch leicht verwirrt. Mehr noch als in den vorangegangenen Wochen. Und diese waren schon beklemmend. Frühmorgens beim Aufstehen dieselbe Frage: «Was ist mit mir los?» Die quälende Antwort: «Ich weiss es nicht.»

Der Ungewissheit will ich entfliehen. Aber allein schaffe ich es nicht. Ich brauche Hilfe. Und heute handle ich endlich. Ich telefoniere meinem Arzt und bitte um einen raschen Termin.

«Der Blutdruck ist zu hoch.» Der Arzt, den ich seit Jahren kenne, schaut mich warnend an. Trotz der täglichen Einnahme von Tabletten spielt der Wert verrückt. Ich muss diese Dinger schon seit drei Jahren nehmen, jeweils morgens eine halbe Pille. Und jetzt rät mir der Doktor, eine ganze zu schlucken. Aber ist der zu hohe Blutdruck der wirkliche Grund für mein nun schon wochenlang anhaltendes Tief? Ich wünsche es mir, denn eine bleierne Müdigkeit erdrückt mich beinahe. Sie erdrückt meine Gedanken und Gefühle. Sie erdrückt meine Familie und mein Umfeld. Sie zwängt sich in meinen

Alltag. Ich fühle mich kraftlos und ausgelaugt. Ich bin selbst für mich unberechenbar geworden.

Ich bin oft schlecht gelaunt, gereizt, aufbrausend. Ich fühle mich nicht mehr als der, den ich eigentlich so gut zu kennen glaube. In meiner Haut steckt nicht mehr die ansteckende Fröhlichkeit. Im Spiegel schaut mich morgens oft ein fragendes und ratloses Gesicht an. Von Begeisterung keine Spur. Nein, das bin nicht ich. Aber wer bin ich dann? Was ist passiert? Antworten auf diese Fragen erhalte ich vorerst keine. Ich bin in einem Zustand der inneren Leere gefangen und weiss nicht, warum. Noch weniger weiss ich, wie ich dieser Niedergeschlagenheit entfliehen kann. Ich bin orientierungslos. Und ich habe Angst vor der Zukunft. Schon die Gegenwart erdrückt mich.

«Sie sind ausgebrannt.» Der Arzt sagt die drei Worte leise, aber bestimmt. Ich spüre die Krallen des Raubvogels in meinem Nacken. Sie bohren sich ganz tief in mein Fleisch. Der Schmerz ist stechend. Ich will schreien, bringe aber keinen Laut heraus. Ich habe soeben von einem Krankheitsbild erfahren, das mir bislang unbekannt war. Ich, Thomas Knapp, Journalist, Jahrgang 1961, habe das Burn-out-Syndrom. Auf dem Höhepunkt meiner beruflichen Karriere werde ich von ihm niedergerissen. Es ist der 18. Oktober. An diesem Montag hat sich mein Leben verändert.

Im Spiegel schaute mich morgens oft ein fragendes und ratloses Gesicht an.

Blick in die Vergangenheit

Ich stelle mir immer wieder die gleiche Frage. Warum bin ich in diese Situation geraten? Ich spüre, dass mir nur die Auseinandersetzung mit der Vergangenheit eine Antwort geben kann. Ich versuche, den Weg zum Burn-out und den Ausweg aus der Krankheit chronologisch nachzuzeichnen.

Aufbruch zu neuen Ufern

Seit 15 Jahren bin ich im Journalismus tätig. Im Spätsommer des Jahres 2001 wechselte ich zu einer neu lancierten Regionalzeitung im Raum Solothurn. Ein Team motivierter Journalistinnen und Journalisten engagierte sich mit viel Herzblut für dieses ehrgeizige Projekt. Für das «Solothurner Tagblatt» wurde ich sogar vertragsbrüchig und bat um Auflösung des Kontraktes, den ich anderswo bereits unterschrieben hatte. Wann kriegt man schon die Gelegenheit, als Journalist beim Aufbau einer neuen Zeitung von Beginn an dabei zu sein? Wohl nur einmal im Berufsleben.

Tatkraft war gefragt. Wir Redaktoren kauften vom WC-Papier über das Büromaterial bis zum Fernseher alles selbst ein. Wir organisierten uns selber. Das Redaktionsbüro wurde zu unserer Stube. Wir kämpften anfangs gegen weisse Seiten und um Akzeptanz in der Öffentlichkeit. Denn wir genossen nur wenig Kredit. Vor allem Letzteres schweisste uns aber noch mehr zusammen. Wir waren eine verschworene Gemeinschaft. Wir fanden uns toll. «Siebesieche» eben, fast ausnahmslos. Wir hatten alle das gleiche Ziel: Wir waren (und sind noch immer) enthusiastische Zeitungsmacher. Und die hohen Vorgaben, die wir uns selber gesetzt hatten, haben wir mit grossem Aufwand auch erreicht.

Für mahnende Worte hatten wir indes kein Gehör. Der stellvertretende Chefredaktor versuchte zwar immer wieder, uns zu bremsen. Wir liessen uns nicht abhalten: von den langen Arbeitstagen nicht, und auch vom Feierabend-Umtrunk nicht, bei dem wir den Zeitungsalltag regelmässig nochmals genüsslich Revue passieren liessen. Es war eine tolle Zeit. Aufreibend, lehrreich, fordernd. Es war aber auch eine Zeit enormer Belastungen. Nicht über Wochen oder nur Tage. Sondern über Monate. Ein Ende war nicht abzusehen. Ich kann nur für mich sprechen: Ich habe dieses Ende auch nicht herbeigesehnt. Schon nach etwas mehr als einem halben Jahr hat der Kollege, der uns «auf den Boden» zurückholen wollte, die Redaktion wieder verlassen.

Es hätte uns eine Warnung sein sollen. Ich habe seinen Weggang zur Kenntnis genommen, ihn bedauert. Für mich persönlich hatte er aber keine Konsequenzen, ich fühlte mich wunderbar. Viel Arbeit, wenig Bewegung. Das Erstere war ich gewohnt, Stress gehörte zu meinem Berufsalltag. Ich genoss ihn sogar. Ich brauchte diesen Kick. Doch im Unterschied zu meiner vorherigen

Anstellung bei einer anderen Regionalzeitung hatte ich weniger Freizeit. Ich wusste nie, wann die Arbeit beendet sein würde. Ich hatte keinen planbaren Alltag mehr. Dieser Umstand störte mich nicht. Es war meine persönliche Entscheidung, ich wollte es so. Mit allen Entbehrungen.

So konnte ich etwa nicht mehr meinem Hobby frönen, wie ich es zuvor noch bei der «Solothurner Zeitung» regelmässig tun konnte. In jener Zeit trat ich zwei- bis dreimal in der Woche in die Pedalen. Velotouren über Alpenpässe waren der Lohn für mein Training. Ich raffte mich sogar mehrmals im Jahr dazu auf, zur Arbeit zu radeln. Das waren immerhin 28 Kilometer Hin- und 28 Kilometer Rückfahrt. Ich hatte einen Ausgleich zur Arbeitswelt. Ich fuhr durch die Landschaft und konnte dabei meinen Kopf «lüften».

«Die Zeitung frisst dich auf!»

Der Beruf füllte mich nun immer mehr aus. Früher, als Sportredaktor, hatte ich zwar auch unregelmässige Arbeitszeiten. Aber an einem normalen Wochentag konnte ich mich oft am späten Nachmittag aus der Redaktion verabschieden. Nun aber hatte ich weder Lust noch Zeit, mich am Abend aufs Rad zu schwingen. Der Job gab mir die nötige Befriedigung und Bestätigung. Das reichte mir. Es war eine egoistische Haltung. «Die Zeitung frisst dich auf!», sagte meine Frau des Öfteren. Ich lachte nur. «Wenn ich eine Sache mache, dann richtig», konterte ich ihre Bemerkungen. Das Rennvelo hatte ich längst verkauft, dafür versuchte ich, jeden Samstag zu joggen. Die Samstage aber lagen je länger, je weiter auseinander. Mir fehlte die Motivation. Dafür glotzte ich stundenlang in den Bildschirm des Computers. Auch in den eigenen vier Wänden. Sitzen statt schwitzen. An diesen Zustand gewöhnte ich mich ziemlich rasch. Er machte mich nicht unglücklich.

Auf der Redaktion fand ich die Erfüllung als Schreiber, später als Produzent. Ich war zufrieden, hatte den tollsten Beruf im besten Team der Welt. Und meinte, ohne mich käme morgen keine Zeitung heraus. Ja, ich hielt mich für unentbehrlich. Und ich glaube, einige in der Redaktion sahen sich in der gleichen Rolle. Der Ehrgeiz trieb uns eben an, täglich eine noch bessere Zeitung zu machen und damit der Konkurrenz auf dem Platz auf den Zahn zu fühlen. Das war Ansporn genug, den Fokus fast nur noch auf die Arbeit zu richten. Anderes im Leben kam viel zu kurz, wurde sogar unwichtig. Es gab für mich nur eine Priorität.

Die Familie war zwar ein Hort des Ausruhens und des Ausgleichs. Sie war einfach nur da, das genügte mir. Ich stellte keine grossen Ansprüche an sie. Die Familie sah es anders: Ich war nicht viel zu Hause. Stand meine Tochter frühmorgens auf, war ich längst weg. Und wenn ich spätabends heimkehrte, schlief sie meistens schon. So blieben noch die Wochenenden. Doch in diesen freien Stunden suchte ich meine Ruhe und Entspannung.

Ich frönte dem Nichtstun. Auf einen unternehmungslustigen Ehemann und Vater konnten meine Frau und meine Tochter nur gelegentlich zählen.

In dieser Rolle fühlte ich mich aber nicht unwohl. «Du hast dich verändert», sagte mir meine Frau nicht nur einmal. Und sie spielte damit auf meine Stimmungen an, die ich zu Hause auslebte. Ich war nicht immer gleich gut aufgelegt. Nicht wirklich unfreundlich oder gar abweisend, aber manchmal launisch und oft wortkarg. Wir redeten zwar miteinander, aber dann bestimmte ich das Thema. Meistens drehte es sich dann um meine Arbeit. Ich war zu einem Egoisten geworden. Damals war mir das allerdings nicht bewusst.

Wenn wir Besuch hatten oder eingeladen wurden, gab ich mir hingegen Mühe, mit Witz und Charme aufzufallen. Das jedenfalls behauptete meine Frau. «Warum bist du anders, wenn andere Leute am Tisch sitzen?», fragte sie mich. Ich wusste keine Antwort, weil ich mir diese Frage gar nie gestellt hatte. War ich wirklich anders? Ich hatte nur manchmal ein schlechtes Gewissen. Mehr nicht.

Die Warnung eines Kollegen

Nicht nur meiner Frau war aufgefallen, dass ich mich verändert hatte. Auch ein guter Kollege konfrontierte mich mit der Bemerkung, dass ich nicht mehr der Gleiche sei wie früher. «Nicht mehr der Gleiche wie früher», brabbelte ich diesen Satz nach. Und dann nochmals. Ich wollte nicht, dass sich jemand mit meinem Innenleben beschäftigte. Wenn mit mir etwas nicht stimmen sollte, hätte dies einen simplen und deshalb auch erklärbaren Grund. Und ich würde bald wieder der Alte sein. Ich reagierte gereizt. Vielleicht dümpelte ich nur zwischenzeitlich in einem unruhigen Fahrwasser. Vielleicht würde mir der Kollege diesen Satz morgen oder dann spätestens übermorgen nicht mehr an den Kopf werfen. Oder war es letztlich der Kollege selbst, der sich verändert hatte? Ich bin der Gleiche geblieben! So dachte ich damals. Trotzig hielt ich daran fest.

Ich ignorierte die Warnungen. Ich fühlte mich gut. Vielleicht reagierte ich in einigen Situationen anders, als man es von mir gewohnt war. Aber verändert sich nicht jeder Mensch mit dem Älterwerden? «Nicht mehr der Gleiche wie früher.» Heute ist mir die Bedeutung dieser Worte bewusst. Damals war sie es nicht. Nichts deutete auf eine Krankheit hin, Stimmungsschwankungen gehören zum Leben. Manchmal fahren die Gefühle halt Achterbahn. Schwungvoll rauf und runter. Ich spürte aber bereits in jener Zeit, dass ich nicht immer gelassen reagieren konnte. Kritik nahm ich persönlich, ob im Beruf oder im privaten Umfeld. Ich wurde getrieben von einer gelegentlichen Unruhe. Doch sie war erträglich. Sie war auch nicht immer da. Nur manchmal. Nichts Beunruhigendes. Ich schlief weiterhin gut.

Ein Kollege sagte, dass ich nicht mehr der Gleiche sei wie früher.

Der Schluckauf kommt

Nach über einem halben Jahr Aufbauarbeit bei der Zeitung rückten die Sommerferien näher. Und ich freute mich auf diese Auszeit mit meiner Familie. Ich brauchte die Erholung, das spürte ich.

Ganz Abschalten vom Beruf konnte ich aber nicht. Das habe ich nie gekonnt. Die tägliche Zeitungslektüre gehörte immer zu meinem Ferienprogramm. Es hätte mir sonst etwas gefehlt. Die Zeitung liess ich mir jeweils an den Urlaubsort nachschicken. Und waren wir nur für einige Tage weg, bediente ich mich am Zeitungsständer im Kiosk. Für mich war Lesen ja nicht Arbeit, sondern Vergnügen. Lustvoll las ich dabei jeden Buchstaben. Mich interessierte nicht nur der Inhalt, sondern auch die Aufmachung eines Artikels. Ich konnte mich von meiner Arbeit nicht losreissen. Ich wollte es auch nicht. Es gab keinen Grund, an den freien Tagen eine Zeitung anders zu lesen als beim Morgenkaffee im Redaktionsbüro.

Den ersten Ferientag verbrachten wir auf einem Fest bei einem Arbeitskollegen. Alle Redaktionskollegen war da. Und einige machten sich über meinen Schluckauf lustig, der sich zwischen einem Bissen Bratwurst und einem Schluck Bier eingestellt hatte. Und der nicht daran dachte, so überraschend, wie er gekommen war, auch wieder zu verschwinden. Es schluckte mal laut, mal leise. Aber es schluckte immer wieder und mit einer beängstigenden Regelmässigkeit. Ich gurgelte tüchtig Alkohol in die Kehle, das führte zu einer vorübergehenden Heiterkeit. Nur der «Gluggsi» blieb.

An eine Szene kann ich mich besonders gut erinnern: Ich nahm meine damals fünfjährige Tochter an der Hand und wir gingen spazieren. Ich wollte von der anhaltenden Zwerchfellreizung weglaufen. «Sieht aus, als gingest du in den Wald zum Sterben», rief mir ein Freund hinterher. Ich lachte laut hörbar. Ob es überzeugend geklungen hatte, wusste ich nicht. Ich fands alles andere als lustig. Nicht wegen der Bemerkung, sondern wegen meines Schluckaufs. Meine Heiterkeit wich für einen Moment einer trunkenen Traurigkeit.

Erst drei Stunden später, ich war längst von meinem kurzen Spaziergang zurückgekehrt, war der Schluckser vorbei. Ich muss ziemlich mitgenommen ausgesehen haben. Schadenfreude und Mitleid bei den Kollegen hielten sich jedenfalls die Waage. Und ich machte gute Miene zum bösen Spiel. Ich bin ein positiv denkender Mensch. Im Gegensatz zu meiner Frau war ich noch nicht beunruhigt. Ich wollte auch keine Mimose sein. Ein bisschen jammern, ja. Aber nicht mehr.

Die Leidensfahrt

Am nächsten Tag in der Früh fuhren wir mit dem Auto wie geplant zum Urlaub in die Berge. Auf dem Weg dorthin legten wir bei Bekannten einen Zwischenhalt ein. Eine befreundete Familie hatte uns auf den Zeltplatz eingeladen. Ich hatte mein verstaubtes Mountainbike in den Van gepackt, das ich schon lange nicht mehr gebraucht hatte. Denn ich wollte mit dem Kollegen, der mir Wochen zuvor gesagt hatte, dass ich nicht mehr der Gleiche sei, zu einer Biketour aufbrechen. Vielleicht wollte ich ihm auch nur das Gegenteil beweisen. Dass ich noch immer gleich schnell Rad fahren konnte. Trotz weniger Kilometern in den Beinen war ich zuversichtlich, ihm in den Bergen folgen zu können. Denn wir radelten früher oft gemeinsam mit dem Rennvelo über Alpenpässe. Ich war damals klar der Stärkere. Auch jetzt war ich schneller – schneller müde. Er fuhr, mit einigen Kilos mehr belastet als ich, locker die Schotterstrasse hoch, während ich mich auf den breiten Stollenreifen Meter um Meter über die Serpentinen quälte. Bald sah ich das rote Trikot meines Kollegen nur noch als kleinen Punkt vor mir. Kurze Zeit später war auch der rote Punkt verschwunden.

Irgendwann stieg ich resigniert vom Rad. Und mit mir die Zuversicht. Ich kannte dieses Gefühl nicht. Ich war platt wie ein Reifen, der von einem Nagel durchbohrt worden war. Die Luft war draussen. Die Form war nur noch in meinen Vorstellungen präsent. Die Wirklichkeit sah anders aus. Ich kannte meinen Körper nicht mehr. Er war müde, reagierte ungewohnt. Mir war er in einer besseren Verfassung in Erinnerung. Und mir wurde in diesem Moment bewusst, in welchem besorgniserregenden Zustand er sein musste. Ausgebrannt. Nicht belastbar. Anfällig. Nur mein Puls raste. Ich atmete heftig, bekam aber dennoch fast keine Luft. Ich schob das Bike neben mir her, bis die Steilheit der Strasse etwas nachliess. Mit der kleinsten Übersetzung, die noch immer viel zu gross war, quälte ich mich zum Bergrestaurant hinauf. Ich hatte bei jeder Pedalumdrehung das Gefühl, ins Leere zu treten. Mein Mund war längst ausgetrocknet. Die zwei Bidons hatte ich schon in der ersten Hälfte der Steigung leer getrunken. So gelitten hatte ich beim Sport noch nie. Und ich hatte oft «beissen» müssen.

Mein gut gelaunter Kollege empfing mich auf der Kleinen Scheidegg mit einem breiten Grinsen. Mit einem Bier prosteten wir uns zu. Vor der steilen Abfahrt verdrückte ich noch einen Nussgipfel. Aber selbst die rasante Talfahrt konnte ich nicht geniessen. Ich hatte Angst, in die Kurven zu liegen und die Fliehkraft mit Druck auf die Pedalen auszugleichen. Etwas, was ich zuvor jahrelang wie in Trance getan hatte. Ich liess die Bremsen nicht mehr los, verkrampfte mich. Ich schlitterte ziemlich hilflos durch die engen Kehren. Mir fehlte jegliches Selbstvertrauen. Das rote Trikot hatte ich längst wieder aus den Augen verloren. Selbst auf den langen Geraden konnte ich es nicht mehr sehen.

Schlechte Karten beim Jassen

Nach unserer Rückkehr von der mehrstündigen Tort(o)ur nahmen wir das Angebot an, bei den Kollegen auf dem Zeltplatz zu übernachten. Der Ort war wunderschön oberhalb des Thunersees gelegen. Idylle pur. Etwas für den Seelenfrieden. Doch dieser wurde jäh gestört. Ausgerechnet beim Jassen kam er wieder, der Schluckauf. Noch intensiver und länger als tags zuvor. In der Brust fühlte ich ein heftiges Stechen, als ob mir jemand in kurzen Abständen ein Messer zwischen die Rippen rammen würde. Ich wurde während Stunden kräftig durchgeschüttelt. Immer wieder, immer heftiger. Der Schluckauf war zuverlässig wie eine Schweizer Uhr. Hicks, hicks, hicks. Ich hielt mich mit der Flasche Vieille Prune schadlos. Ich versuchte es jedenfalls. Irgendwann hatte ich eine Promillegrenze erreicht, die zum Schlafen ausreichte.

Aber auch auf der Luftmatratze im Vorzelt, meinem Nachtlager, verfolgte mich dieses inspiratorische Geräusch, das unbewusst durch ruckartiges Zusammenziehen des Zwerchfells und nachfolgenden Stimmritzenverschluss entsteht. Diese Erklärung des Schluckaufs habe ich später im «Pschyrembel» (klinisches Wörterbuch) nachgelesen. Ich schlief kurz nach Mitternacht ein, um bereits vier Stunden später wieder aufzuwachen. Doch ich war nicht allein. Der Schluckauf war ebenfalls hellwach. Er plagte mich noch eine Weile unbarmherzig weiter. Endlich kam der Morgen. Er erlöste mich von meinem Leiden. Nur den Sonnenaufgang hatte ich verschlafen.

Irgendwann hatte ich eine Promillegrenze erreicht, die zum Schlafen ausreichte.

Ich hatte Angst. Manchmal fühlte ich mich von meinem eigenen Schatten verfolgt.

Nach dieser ungemütlichen Nacht begleiteten wir an diesem schönen Sommertag unsere Kollegen auf einer Wanderung. Man sah mir an, dass ich leiden musste. Ich verdrängte vorerst die Müdigkeit. Beim Bräteln ass ich meine Bratwurst etwas abseits von den anderen und starrte apathisch auf den Oeschinensee hinaus. Später glitten wir mit einem Ruderboot über das Wasser. Das gleichmässige Plätschern, wenn die Ruderblätter ins Wasser tauchten, wirkte beruhigend auf mich.

Gegen Abend erreichten wir dann unser Ferienziel in Saas-Fee. Ich sank noch vor dem Nachtessen völlig erschöpft ins Hotelbett und erwachte erst vierzehn Stunden später wieder. Meine Frau war wieder einmal echt besorgt, weil ich mich so lange «abgemeldet» hatte. Für mich war das nichts Beunruhigendes. Nach dem Schlaf fühlte ich mich jedenfalls viel besser.

Am anderen Tag konnten die Ferien nun richtig beginnen. Was ich mir vorgenommen hatte, setzte ich in die Tat um. Ich fuhr mit dem Bike durch die Gegend, ohne aber meine tiefe Leistungsgrenze auch nur annähernd anzukratzen. Wir wanderten Bächen entlang über wunderschöne Pfade. Wir spielten Minigolf und verbrachten ganze Nachmittage an einer Feuerstelle. Die Bewegung an der frischen Bergluft und das Loslösen vom Alltag wirkten Wunder. Die Lebensgeister meldeten sich langsam zurück. Ich hatte wieder Luft zum Atmen. Ich hatte Luft zum Sporttreiben. Ich hatte wieder genügend Sauerstoff zum Leben.

Pläne zum Auswandern

Nach drei Wochen Ferien fühlte ich mich ausgeruht. Und es ging selbstverständlich im gleichen Stil weiter wie zuvor. Um sieben Uhr fuhr ich zur Arbeit und kehrte erst elf, zwölf oder manchmal noch mehr Stunden später nach Hause zurück. Die Tage, Wochen und Monate zogen an mir vorbei. Ebenso die warnenden Worte meiner Frau: «Die Zeitung frisst dich auf!» Ich hörte sie, nur der Glaube fehlte mir. Die Arbeit war für mich keine Pflichtaufgabe, sie war Kür. Eine lustvolle obendrein.

Hätte ich damals auf meine Frau gehört und die Handbremse gezogen, meinem Umfeld und mir wäre wohl einiges erspart geblieben. Aber an die Erschöpfung bei der Biketour oder an den Schluckauf dachte ich längst nicht mehr. Wer bin ich eigentlich? Diese Frage stellte ich mir erst viel später.

Ich schaute nun gelegentlich den Stellenanzeiger an. Was ich suchte, wusste ich zwar nicht genau. Aber die bittenden Worte meiner Frau, mich nicht von der Zeitung auffressen zu lassen, zeigten Wirkung. Ich musste gespürt haben, dass mir – und meiner Familie – eine Veränderung gut getan hätte. Also habe ich mich auf zwei oder drei Ausschreibungen hin gemeldet. So genau weiss ich das nicht mehr. Eine Journalistenstelle war nicht darunter. Es gab keinen Grund, meinen Job gegen einen anderen Job auf einer Redaktion zu tauschen.

Wenn schon eine Veränderung, sagte ich mir, dann eine richtige. In Grächen konnte ich mich bei den Bergbahnen vorstellen. Sie suchten einen Verkaufsleiter mit kommunikativen Fähigkeiten. Dreimal fuhr ich zu Verhandlungen ins Mattertal, zweimal begleitete mich meine Frau. Ob meine Familie in die Abgeschiedenheit des Bergdorfes, das ausserhalb der Ferienzeit wie ausgestorben schien, mitgekommen wäre, weiss ich nicht. Wir haben oft darüber gesprochen, aber nie etwas beschlossen. Wahrscheinlich wäre ich einige Monate allein gegangen, um nicht alle Zelte in der Heimat abzubrechen.

So weit kam es aber nicht. Mit dem mächtigen Verwaltungsratspräsidenten der Bergbahnen, der gleichzeitig Grossaktionär war, gab es Differenzen, die nicht bereinigt werden konnten. Seine und meine Vorstellungen lagen so weit auseinander wie die Tal- und die Bergstation einer Luftseilbahn. Der Vertragsentwurf, den mir der Direktor (mit ihm hatte ich mich gut verstanden) zuvor vorgelegt hatte, wurde zur Makulatur. Immerhin hatte ich einen wichtigen Punkt im Stellenprofil erfüllt: Ich bin katholisch … Ich nahm das Scheitern der Verhandlungen gelassen hin, es war für mich keine Niederlage. Ich schlief weiterhin gut.

Die andere Frau

Ich hatte «mein ‹Tagblatt›». Ich war zufrieden. Auch wenn ich nun gelegentlich spürte, dass es in diesem schnellen Rhythmus nicht weitergehen konnte. Dass es auch ein Leben neben der Arbeit und nach Feierabend gibt. Irgendwo wartete eine neue Aufgabe auf mich, sagte ich mir. Was für eine, wusste ich allerdings nicht. Spüren ist eben eine Sache, Handeln wieder eine ganz andere. So blieb in den kommenden Monaten alles beim Alten. Nur manchmal war ich leicht verstimmt. Und gereizt. Das bekam vor allem meine Familie zu spüren.

Meine Frau machte eine schwierige Zeit durch. Ich schien unruhig, ständig auf der Suche nach etwas anderem. Etwas Aufregendem, das auch für mich nicht fassbar gewesen war. Diesen Eindruck jedenfalls musste ich auf sie gemacht haben. «Was willst du eigentlich?», hat sie mich nicht nur einmal gefragt. Sie rätselte, ob ich in eine Midlifecrisis geraten war.

Ich hatte mich in eine andere Frau verliebt. Meine Gefühle rasten vom Herz in den Kopf und wieder zurück. Mein Herz schlug wie verrückt. Die Gedanken hüpften ebenfalls pausenlos umher. Nichts schien mehr kontrollierbar. Ich liess mich von den schönen Momenten treiben.

Ich sprach mit meiner Frau über meine Gefühle. Ich schrieb ihr auch einen Brief. Versuchte mich zu erklären. Wir durchlebten eine Ehekrise. Ob die Beziehungsprobleme beim Burn-out eine Rolle gespielt haben oder nicht, kann ich nicht beurteilen. Sie waren aber während

Monaten belastend und gehören der Vollständigkeit halber zu meiner Geschichte.

Im Nachhinein bewundere ich meine Frau. Sie hat mir nie Vorwürfe gemacht, liess mir die Zeit, um wieder zu ihr (und vor allem zu mir selbst) zu finden. Aber die Situation hat mich nie kalt gelassen. Auch mir tat sie weh. Mal mehr, mal weniger. Gefühle lassen sich nicht ausknipsen wie eine Nachttischlampe. Und das wollte ich auch nicht. Ich wollte nicht davonrennen. Weder von zu Hause noch von der anderen Frau. Mich plagte ein schlechtes Gewissen. Ich wollte niemandem wehtun.

Der Hauskauf

Wir bezogen im Frühjahr, sieben Monate vor dem 18. Oktober, unser Haus in Olten. Wir hatten es im Dezember angeschaut und uns sofort in die über fünfzig Jahre alte Immobilie verliebt. Und zu unserer Freude erhielten wir den Zuschlag. Einige Wochen zuvor hatten wir uns für ein anderes Haus, an der Peripherie gelegen, interessiert. Dieses Liebhaberobjekt war uns schon vor Jahren auf unseren Spaziergängen im Baselbiet aufgefallen. Eines Tages hing ein Plakat an der Fassade: «Zu verkaufen», mit einer Handynummer drunter.

Wir trafen uns mehrere Male mit dem Vertreter der Erbengemeinschaft, der dieses Haus liebte und in seiner Kindheit oft seine Sommerferien dort verbracht hatte. Wir waren nahe dran, das kleine Haus zu erwerben. Das beschauliche Dorf, in dem es an Hanglage steht, ist mit dem öffentlichen Verkehr aber nicht gut zu erreichen. Wir hätten zwei Autos benötigt. Zudem hätte unsere Tochter die Schule in einem anderen Kanton besuchen müssen. Auch mit der Finanzierung hätte es wegen des Umbaus Probleme gegeben. Gründe genug, um vom alten Sommerhaus mit dem imposanten Lindengarten Abstand zu nehmen.

Kein einfacher Entscheid, aber ein vernünftiger. Das Haus in Olten war mehr als bloss ein Ersatz. Es steht zwischen Mehrfamilienblocks, etwas zurückversetzt von der Strasse. Im Garten stehen vier Tannen, es gibt einen kleinen Teich und ein beachtliches Rebspalier. Wir hatten ein anderes Traumhaus gefunden. Das Quartier kannte ich gut. Hier hatte ich eine schöne Jugendzeit verbracht.

Bis wir aber einziehen konnten, mussten wir die Renovationsarbeiten organisieren und versuchen, unsere Eigentumswohnung auf dem Land zu verkaufen. Es gab während Monaten viel zu planen. Wir bestellten Handwerker, ich verhandelte mit der Bank. Alles kein Problem für mich, glaubte ich. Und in diese Hektik hinein platzte auch noch das Jobangebot aus Zürich. Es schmeichelte mir, dass ich bereits zum zweiten Mal innerhalb weniger Monate vom «Blick» eine Anfrage bekommen hatte. Ich unterschrieb den gut dotierten Vertrag, nachdem ich mich mit der Familie und Freunden besprochen hatte. Ich war überzeugt, nach meinem

Traumhaus auch meinen Traumjob gefunden zu haben. Schöner März.

Das alte Haus erstrahlt heute in neuem Glanz. Für die Wohnung fanden wir nach langem Suchen per Zufall einen Käufer. Nachdem einige Verkaufsverhandlungen gescheitert waren, hatten wir uns bereits damit abgefunden, die Wohnung nur vermieten zu können. Eine Arbeitskollegin und ihr Mann zeigten Interesse. Ihnen gefiel die Wohnung aber derart gut, dass es zu einem überraschenden Kaufabschluss kam. Und ich war obendrein auf meinem Karrierehöhepunkt angelangt. Ich hatte einen der begehrtesten Jobs im Sportjournalismus gefunden. Eigentlich lief alles wie am Schnürchen. Ich wurde vom Glück verfolgt und verwöhnt. So dachte ich damals. Ich sah noch keinen Raubvogel über meinem Kopf kreisen. Doch er muss mich mit seinen Adleraugen schon längst ins Visier genommen haben.

In jener Zeit nämlich, als ich meinen Abgang beim «Tagblatt» bekannt gegeben hatte, fühlte ich mich gelegentlich schlapp. Beim Aufstehen manchmal sogar ein bisschen unmotiviert. Ein für mich bislang unbekanntes Gefühl. Denn Arbeit bedeutete für mich vor allem Vergnügen. Bis dahin waren die Tage an einer Hand abzuzählen, an denen ich missmutig zur Arbeit gefahren war. Und nun diese Unlust. Ein Hauch von Unsicherheit begleitete mich fortan durch die Wochen. Als ob ich eine Vorahnung gehabt hätte, was noch alles auf mich zukommen würde.

Die Nackenschmerzen

Während der Arbeit plagten mich plötzlich gesundheitliche Probleme. Es fing ganz harmlos mit Nackenschmerzen an. Dann hämmerte es in meinem Kopf, dass mir angst und bange wurde. Kleine Stiche durchzuckten wie Blitze meinen Körper. Es tat weh, war unangenehm. Und das Schlimmste: Ich stellte fest, dass meine Sehkraft zwischenzeitlich nachliess und der Bildschirm zu flimmern begann. Ich drückte die Augen fest zusammen, um das Geschriebene beim erneuten Hingucken wieder klarer zu erkennen. Die verschwommenen Momente traten aber immer öfter auf. Sie beunruhigten mich. Sie trübten meine Sinne.

Ich ging zum Augenarzt, hockte mich auf den Stuhl und schaute an die Wand zu den kleinen und grossen Zeichen. Der Optiker zückte ein Kärtchen nach dem andern und schob eines mal links, ein anderes mal rechts in die Vorrichtung, durch die ich wie durch ein Fernglas gucken musste. Ich kommentierte, was ich deutlich, weniger klar oder gar nicht erkennen konnte. Und dann hat mir der Fachmann eine neue Brille mit neuer Korrektur verpasst. Auf ärztlichen Rat hin rückte ich den Bildschirm auf dem Bürotisch fast einen halben Meter nach hinten.

Die Kopfschmerzen verschwanden, wie sie gekommen waren. Alles schien gut. Nur ich begriff weiterhin nicht, was der Körper mir wirklich sagen wollte. Denn die

Nackenschmerzen tauchten immer wieder auf. Nicht allzu oft zwar, aber wenn, dann verspannte sich die Muskulatur einige Tage.

Zweimal im Monat schlüpfte ich in dieser Phase bereits um acht Uhr abends unter die Bettdecke. Es machte mir eigentlich nichts aus, zur gleichen Zeit wie meine achtjährige Tochter schlafen zu gehen. Ich brauchte diese Erholung, auch wenn ich nach Mitternacht gelegentlich wieder aufwachte. Ich glaubte, meinem Körper das zu geben, wonach er immer häufiger verlangte: viele Ruhestunden. Dass mein Körper noch viel mehr von mir forderte, wurde mir erst später bewusst.

Heute weiss ich: Die einzelnen Puzzleteile wie Schluckauf, Erschöpfung, Nackenschmerzen und Sehprobleme hätten ein Gesamtbild ergeben. Und dieses hätte mich gewarnt. Ich habe die Signale ignoriert. Vielleicht auch, weil ich ein positiv denkender Mensch bin. Auf jeder schwarzen Wand sah ich in meinem bisherigen Leben immer einige helle Punkte.

Der Bänderriss

Auch der Bewegungsmangel machte sich bemerkbar. Einem Glas Wein oder einer Stange Bier war und bin ich nicht abgeneigt. Früher, als ich regelmässig Sport getrieben habe, zeigte mein Körper trotz der Alkoholika keine Schwächen. Doch irgendwann war halt meine Lebensweise messbar: Etwa an den Fettpölsterchen am

Bauch, an der Digitalanzeige der Waage oder einfach nur an einer gewissen Unzufriedenheit, die sich ausbreitete.

Ich beschloss nach Monaten des Nichtstuns, wieder aktiv zu werden. Der Schwächeanfall an der Biketour, der mittlerweile schon fast zwei Jahre zurücklag, spielte bei dieser Entscheidung keine Rolle. Den hatte ich längstens verdrängt. Ich suchte einfach einen Ausgleich zur Arbeit und ein vorteilhafteres Spiegelbild. Und ich wollte meine neue Stelle beim «Blick» fit antreten. Ich hatte mir vorgenommen, regelmässig die Natur mit meinem Keuchen aufzuschrecken.

Es war am ersten Sonntag im Juni, als ich meine Joggingschuhe schnürte. Das Aufwärmen klappte ganz gut. Ich stand breitbeinig da, kippte meinen Oberkörper schwungvoll nach vorne und versuchte, mit den Fingern den Boden zu berühren. Es gelang mir nicht. Also schnepperte ich durch den Garten. Es war vielmehr ein Versuch, in Hohlkreuzhaltung zu springen. Ich plumpste ziemlich hilflos von kleiner Höhe auf den Rasen. Ich wollte noch eine Leiter hinter dem Haus versorgen, die ich zuvor an die Fassade gelehnt hatte, um die Blätter aus dem Rebspalier zu schneiden. Ich hatte die Leiter bereits geschultert, als ich mit dem linken Fuss in ein von Gräsern verdecktes Loch trat. Ich knickte mit dem Fuss zur Seite, mir wurde schwarz vor Augen. Die Aluleiter knallte mit Getöse zu Boden. Auch ich liess mich zur Seite fallen. Mit nicht weniger Lärm.

Den geschwollenen Knöchel kühlte ich sofort mit Eis. Er tat mir höllisch weh. Aber ich beschloss, auch weil es Sonntag war, erst am nächsten Tag den Arzt aufzusuchen. Vielleicht war ja alles nur halb so schlimm. Eine üble Verstauchung, mehr nicht.

Am nächsten Morgen fuhr mich meine Frau zum Arzt. Ich humpelte die wenigen Meter vom Parkplatz in die Praxis. Die Assistentin rückte im Röntgenzimmer meinen nur leicht geschwollenen Fuss zurecht. «Tuts weh?», fragte sie mich besorgt. Sie wusste, die Frage war überflüssig. Es tat weh, man sah es mir an.

Ich hatte mir beim Misstritt im Garten die Bänder gerissen. Der Arzt verpasste mir eine Stützschiene, die ich nun während mindestens fünf Wochen zu tragen hatte. Den Fuss konnte ich also eine Zeit lang nicht belasten. Und obendrein hatte ich ein schlechtes Gewissen, denn ich konnte nur noch reduziert arbeiten. Ein solcher Abgang von der Redaktion schmerzte. Nicht nur wegen der Bänderverletzung. Denn auch meine Vorsätze humpelten plötzlich bedenklich. Ich hatte mir nämlich vorgenommen, bis zum letzten Arbeitstag Vollgas zu geben. Ich meinte wohl, bei meinen Kollegen einen bleibenden Eindruck hinterlassen zu müssen.

Ferien ohne Erholung

Zum Glück nahten die «richtigen» Ferien. Vor meinem Jobantritt in Zürich konnte ich drei Wochen Kraft tan-

Einfach in einen Zug hocken und wegfahren. Vielleicht in die andere Richtung als ursprünglich geplant.

ken. Ich spürte, dass ich diese Zeit brauchen würde. Wir genossen die meiste Zeit im Garten unseres Hauses. Komisch nur, dass ich nie das Gefühl hatte, mich überhaupt richtig zu erholen. Die Batterien schienen sich einfach nicht wieder aufzuladen. Im Gegensatz zu einem Auto kann man die Batterie beim Menschen nicht auswechseln. Man kann nicht den Deckel aufklappen und mit Werkzeug hantieren. Ich brauchte meine Energie wohl für die Genesung meiner Bänder, sprach ich mir selber Mut zu. An etwas Schlimmeres dachte ich nicht. Man will ja keine Schwächen zeigen. Schon der leiseste Anflug von «Ich kann nicht mehr» wäre ein solches Eingeständnis gewesen. Was blieb, war ein ungutes Gefühl – und immer diese bleierne Müdigkeit. Ich war in einem Zustand der inneren Leere gefangen. Dennoch freute ich mich auf die neue Herausforderung im Beruf. Als positiv denkender Mensch versuchte ich es zumindest. Ich wollte mich der neuen Aufgabe mit einer gesunden Portion Optimismus stellen. So wie es eigentlich meinem Charakter entspricht.

Am Nationalfeiertag, einem Sonntag, war ich allerdings gereizt und ungewohnt nervös. Wir hatten am Abend noch Besuch. Um halb zehn Uhr gingen die anderen das Feuerwerk schauen. Ich verzog mich ins Bett. Die Knallerei um mich herum liess mich aber schlecht schlafen. Ich überlegte, wie ich mich tags darauf meinen Kolleginnen und Kollegen vorstellen sollte. Einige von ihnen hatte ich bereits im Juli kennen gelernt, als ich meinen zukünftigen Arbeitsort erstmals besichtigt hatte.

Kranker Fisch im Haifischbecken

Ein mulmiges Gefühl begleitete mich auf dem Weg zum ersten Arbeitstag. Dieses Gefühl kennt aber jeder; vor einer Prüfung, einem wichtigen Treffen oder eben einem Jobwechsel. Also nichts Aussergewöhnliches. Was erwartet mich? Dieser Frage stellte ich meinen Tatendrang gegenüber. Ich spürte dieses Kribbeln, das es braucht, um Höchstleistungen zu vollbringen. Der Journalismus ist mir vertraut. Und die Arbeitsabläufe würde ich schnell kapieren. Daran zweifelte ich eigentlich keine Sekunde. Ich wusste, was ich konnte. Ich wusste auch, was ich wollte. Ich hatte meine Messlatte ziemlich hoch gesetzt. Ich kannte meine Stärken. Also setzte ich auf der Skala noch einen Zacken obendrauf.

Am Montag wurde ich meinen neuen Kolleginnen und Kollegen vorgestellt. Und ich stürzte mich gleich in die Arbeit. Es war kein behutsames Abtasten. Es war ein Sprung ins eiskalte Wasser. Mir wars recht. Wer nicht schwimmt, geht unter. Und ich freute mich auf die neue Herausforderung beim Boulevardblatt. Als Vollblutjournalist brauchte ich eine gewisse Hektik. Ich arbeitete mich relativ schnell ein. Und ich wurde vom Team in kurzer Zeit auch akzeptiert. Mein Vorgesetzter freute sich ebenfalls, dass ich mich rasch akklimatisiert hatte. Das sei nicht selbstverständlich in einer fünfzigköpfigen Redaktion, die von Aussenstehenden respektvoll oder despektierlich, je nach Betrachtungsweise, mitunter als «Haifischbecken» bezeichnet wird.

Trotz des geglückten Starts begleitete mich ein leises Unbehagen durch die folgenden Tage. Ich fühlte mich manchmal eingeengt wie in einem Korsett. Ich konnte mich nicht nach Wunsch entfalten. Diese Enge spürte ich zuerst beim Leiten von Sitzungen. 30 Augenpaare und gelegentlich einige Paare mehr fixierten mich an der Frontseite des langen Tischs. Und dass ich, als Neuer, von einigen alteingesessenen Redaktoren vor aller Augen «getestet» wurde, schien mir normal. Es waren jene Momente, wo ich mir aber die Gelassenheit gewünscht hätte, die ich in letzter Zeit so schmerzlich vermisste. Während der Sitzungen blieb ich ruhig und sachlich. Ich liess mir nichts anmerken. Auch nicht, wenn mich Kollegen gelegentlich ins Leere laufen liessen. Ohne meine gesundheitlichen Probleme hätte ich diese Auftritte an mir abprallen lassen wie ein Neoprenanzug einen Tropfen Wasser. Die Kollegen waren aber nicht der Grund für meinen Zustand. Ich fühlte mich weder hintergangen noch gemobbt. In einem Grossbetrieb steckt jeder sein Revier vor einem Eindringling ab. Dahinter verbergen sich keine bösen Absichten. Es liegt wohl einfach in der Natur des Menschen. Es ist ein gegenseitiges Abtasten und Beschnuppern. Aber in meiner Situation hätte ich wohl einen ruhigeren Job gebraucht. Einen, wo man sich zurückziehen kann, ohne gleich vermisst zu werden.

Die Messlatte, die ich selber justiert hatte, war nicht mehr gültig. Spätestens zu diesem Zeitpunkt hätte ich meine eigenen Erwartungen nach unten schrauben müssen. Ich tat es nicht. Ich wollte nicht schwächeln, auch wenn über mir immer diese bleierne Müdigkeit schwebte. Ich musste mich zusammenreissen. Ich sprach mir Mut zu. Ich würde dieses Tal durchschreiten. Da käme ich wieder raus. Meine positive Einstellung würde mir dabei helfen. Doch sie half mir nicht wirklich. Vorerst blieb ich hartnäckig in meinem gewohnten Trott.

Meiner Familie gegenüber konnte ich meine Verfassung nicht verheimlichen. Ich war beunruhigt, aber noch nicht besorgt. Denn es gab auch Tage, an denen ich mich auf der Redaktion ziemlich wohl fühlte. Aber diese Tage waren leider selten und wurden im Laufe der Zeit immer seltener. Und damit stieg auch der Druck.

Und plötzlich hasste ich sogar die Arbeit. Genauer gesagt: Ich hasste mich, weil ich mich überfordert fühlte. Weil ich bei der Limitenjagd ständig strauchelte. Wie ein Sportler, der immer härter und länger trainiert, aber im Wettkampf dann kläglich versagt. (Siehe Kapitel 4: Adrian Burki, «Das Übertrainingssyndrom: eine Variante des Burn-out bei Sporttreibenden».) Den Arbeitskollegen, die mich noch nicht so gut kannten, fiel das nicht weiter auf. Im Gegenteil: «Du hast dich gut eingelebt bei uns und machst einen guten Job», wurde mir gelegentlich gesagt. Diese Momente taten mir gut und lenkten mich vorübergehend von meinen Problemen

Die Kluft zwischen eigenem Anspruch und Wirklichkeit wurde immer grösser.

ab. Und sie gaben mir Zuversicht, die mich auf Besserung hoffen liess. Aber ich konnte nicht bloss mit den Fingern schnippen. Das war mir jetzt klar.

Die Schlafräuber

Ich plagte mich ziemlich erschöpft durch die Tage und Nächte. Mit dem Einschlafen hatte ich noch am wenigsten Probleme. Doch es gab keine Nacht, in der ich durchgeschlafen hätte. Mein Körper suchte zwar den Tiefschlaf, doch er fand ihn nicht mehr. Schlafprobleme waren mir bis dahin fremd gewesen. Jetzt waren sie da. Ende August.

Egal, ob ich um zehn Uhr, um Mitternacht oder erst nach den Zwei-Uhr-Schlägen ins Bett gegangen war; drei- bis viermal zuckte ich wie in Trance aus dem Schlaf. Dann sass ich aufrecht im Bett, schaute ins Dunkel des Zimmers. Ich spähte nach Erklärungen, konnte aber nur die Umrisse des Büchergestells und des Stuhls erkennen. Manchmal schlief ich nach wenigen Minuten wieder ein, meistens aber nicht. Dann legte ich mich in der Stube vor dem Fernseher aufs Sofa und zog die Wolldecke bis unters Kinn. Ich drückte auf der Fernbedienung die Programme rauf und runter. Ich kam ins Grübeln. Ich suchte immer wieder nach Antworten. Ich fand keine. Die zerstreuten Gedanken zappten ebenfalls. Irgendwann flatterten die Lider vor dem Fernseher. Sie wurden schwerer und schwerer, ehe sie nach langem Kampf endlich von der Erschöpfung niedergerissen wurden.

Wie ein flackerndes Kerzenlicht, das lange dem Durchzug trotzt, bis es gnadenlos ausgelöscht wird.

Es gab Nächte, in denen ich gar nicht mehr einschlafen konnte. Dann wälzte ich mich hilflos im Bett hin und her, zählte die Glockenschläge der Turmuhr der nahe gelegenen Kirche. Sie waren mir vertraut. Zwei, drei, vier. Glockengeläut hat etwas Beruhigendes. Dennoch sehnte ich den Morgen und mit ihm das Ende der Dunkelheit herbei.

Am Morgen fühlte ich mich nicht ausgeruht. Ich konnte mich auch oftmals an gar nichts mehr erinnern. Statt der Träume gab es nur dunkle Stellen. Ich träumte nächtelang überhaupt nicht mehr. Beim Aufwachen war jedenfalls alles wie weggeblasen. Ein klassischer Filmriss. Ich war plötzlich ein Mann ohne Träume. Es gab keine süssen, wollüstigen, beängstigenden, wirren oder hässlichen Vorstellungen mehr. Auch tagsüber nicht. Ich fühlte mich wirklich leer. Ich hatte auch keine Sehnsüchte mehr. Ich war wunschlos unglücklich. Wie ein kleines Kind, das sich nicht mehr über die Geschenke unter dem Weihnachtsbaum freuen kann.

Die Gedanken schwirrten und wirrten völlig ziel- und orientierungslos durch meinen Kopf. Ich war unfähig, mich auf den Tag einzustimmen. Es fiel mir schwer, mich auf die Arbeit zu konzentrieren. Ich war mental wirklich so steif wie ein Waschlappen aus dem Trockner, den man achtlos in eine Ecke geworfen hatte.

Die Angst vor den Menschen

Den Weg von unserem Haus bis zum Bahnhof Olten fuhr ich jeweils mit dem Rad. Es tat mir gut, den Fahrtwind im Gesicht zu spüren. Er frischte meine Gedanken während einiger Minuten auf. Ja, ich genoss den ersten Teil meines Arbeitswegs nach Zürich. Aber schon beim Velounterstand war dieses leicht berauschende Gefühl verflogen. Ich nahm meine Tasche vom Gepäckträger und drehte den Schlüssel im Fahrradschloss. Ich lief durch die kalte Unterführung, quälte mich zwischen ankommenden und abfahrenden Leuten hindurch auf den Bahnsteig. Unter so vielen Menschen zu sein, empfand ich als Belastung. Auch wenn sie stumm an mir vorbeizogen und ebenso ausdruckslos in die Welt schauten. Gelegentlich kaufte ich eine Zeitung am Kiosk. Die Kioskfrau wünschte mir jeweils einen schönen Tag. Sie war freundlich. Wie eigentlich alle mit mir immer freundlich waren.

Züge fuhren ein, Züge fuhren weiter. Und Güterzüge donnerten ohne Halt an mir vorbei. Andere Wartende machten einen Schritt zurück. Ich blieb standhaft an der Bahnsteigkante stehen. Mit ausgestrecktem Arm hätte ich die vorbeisausenden Tankwagen mit den Fingerspitzen berühren können. Ich hielt meine Hände aber in den Manteltaschen versteckt. Der Kragen hatte ich mir übers Kinn gezogen. Den Luftzug blies mir um die Ohren. Ich umklammerte meine schwarze Tasche.

Gedanken flogen an mir so schnell vorbei
wie der Kühlturm des Atomkraftwerks Gösgen.

Der Perron ist ein vertrauter Ort. Er weckt Sehnsüchte und Hoffnungen. Einfach in einen Zug hocken und wegfahren. Wohin, spielt keine Rolle. Vielleicht in die andere Richtung als ursprünglich geplant. Für einmal der Arbeit fernbleiben, den Problemen davonfahren. Ich habe mir das öfters vorgestellt. Aber ich wartete auf meinen Zug, ich wartete auf die klärenden Gedanken. Es kam aber immer nur der Zug.

Bilder im Kopf

«Einfahrt des Intercity ohne Halt bis Zürich, Perron 2. Erste Klasse und Restaurant Sektoren B und C, zweite Klasse Sektoren A und D». Die Lautsprecherdurchsage weckte mich aus meiner Lethargie. Ich äugte nach einem leeren Abteil. Ich war froh, wenn ich mich während der Bahnfahrt mit niemandem austauschen musste. Traf ich aber einen Bekannten, blieben die Gespräche an der Oberfläche. Blabla eben. Der Rest war Schweigen. Ich wollte meine Fassade bewahren. Ich wollte mein Inneres von den neugierigen Blicken schützen. Wenn mich jemand fragte, wie mir die neue Stelle gefalle, nickte ich meist nur kurz, um zu signalisieren, dass ich die Frage verstanden habe. «Nicht schlecht», hörte ich mich noch sagen. «Es ist halt schon eine spezielle Herausforderung.» Ich hatte nicht gelogen.

Oft sass ich aber allein im Abteil. Auch weil ich erst nach halb neun zur Arbeit fahren musste. Dann war der erste grosse Ansturm vorbei.

Ich blätterte die Zeitung durch und blickte immer wieder durch die Scheibe. Gedanken flogen an mir so schnell vorbei wie die Landschaft des Mittellands. Der Kühlturm des Atomkraftwerks Gösgen, der Bally-Park in Schönenwerd. Aarau. Hero. Lenzburg. Franz Carl Weber. Bank Julius Bär. Dietikon. UBS. Druckzentrum der «Neuen Zürcher Zeitung». Autobahn. Hardbrücke.

Ich war irritiert. Dieser Zustand lässt sich am ehesten mit einem Dia-Abend bei Freunden vergleichen. Immer wieder taucht ein neues Bild auf. Der Gastgeber projiziert aber ohne ein Wort der Erklärung einen Farbfleck nach dem anderen an die weisse Wand. Man mag eigentlich gar nicht mehr hingucken, aber die Bilder lassen sich nicht einfach ausknipsen. Man getraut sich auch nicht wegzuschauen, das wäre gar unhöflich.

Ich starrte durch das Fenster. Was draussen an mir vorbeiraste, nahm ich manchmal gar nicht mehr wahr. Tunnelblick. Ich hatte meine eigenen Bilder. Sie verunsicherten mich. Weil ich sie nicht kannte, nicht einzuordnen wusste und überhaupt nicht sehen wollte. Ich konnte die Augen noch so stark zukneifen, die Bilder blieben verschwommen sichtbar. Gleiches passiert dem Betrachter, wenn der Projektor im Sekundentakt Bilder an die Wand wirft. Man hat keine Zeit, etwas zu erkennen. Und somit kann das Gesehene auch nicht verarbeitet werden. Zurück bleiben nur Fragen. Ich war überfordert in meinem Erstklassabteil. Und fühlte mich in solchen Momenten als Mensch zweiter Klasse. Ohne

Selbstvertrauen, ohne Lebensfreude. Ich stiess selbst beim Zugfahren an meine Grenzen. Ich fand keine Entspannung, konnte mich nicht zufrieden zurücklehnen. Das Wort «geniessen» hatte in meinem Vokabular plötzlich keinen Platz mehr.

Die Einbildung

Ich war auch nicht erleichtert, als der Lautsprecher «Nächster Halt Zürich» ankündigte und der Zug jeweils nach einer halben Stunde Fahrzeit im Hauptbahnhof einfuhr. Denn im Abteil fühlte ich mich trotz der schwarzen Momente und der vielen Bilder gut aufgehoben. Dort war ich nämlich allein. Und blieb, nachdem der Zug in Zürich im Hauptbahnhof zum Stillstand gekommen war, noch einige Sekunden sitzen. Denn ich wusste: Draussen hatte es viele Menschen. Grosse, kleine, gestresste, ruhige, schweigsame, gesprächige. Sie verunsicherten mich. Ja, sie machten mir Angst.

Ich setzte meinen Fuss auf das Trittbrett, schaute kurz nach links und reihte mich dann in die Kolonne ein. Im Sog der Menschen liess ich mich von einer beängstigenden Gleichgültigkeit treiben. Mein Instinkt leitete mich die Rolltreppe runter auf den Perron der S23 – und nicht etwa die klaren Gedanken. Als ich wieder einmal links auf der Rolltreppe stand, wurde ich unsanft weggeschubst. Für alle nicht geübten Rolltreppenfahrer: Wer nur fährt, steht rechts. Links sollte Platz sein für die ganz Eiligen. «Tschuldigung», murmelte ich. Eigentlich war es mir aber egal, dass ich den Weg versperrt hatte. Ich hatte andere Sorgen. Es schien, als ob jemand mit einer Fernsteuerung hinter mir herlaufen würde, die Antenne auf mich gerichtet. Links, rechts, geradeaus, wieder links, rechts und geradeaus. Rauf und dann runter. Ich liess es geschehen.

Bahnhof Stadelhofen. Mehrere Wege führen ins Büro. Ich weiss auch nicht, wieso ich nicht immer die direkteste Route wählte. Vielleicht wollte ich den Mann mit dem Funk, der bloss eine Einbildung war, abschütteln. Aber er war ausdauernd und folgte mir Schritt auf Tritt. Er hatte mich im Griff. Bis zur Glastüre. Dort liess er mich allein. Ich wurde in Ruhe gelassen, bis zu meinem Arbeitsplatz im ersten Stock. Ich musste wieder selbst entscheiden. Und ich hoffte, aus diesem bösen Traum endlich zu erwachen. Der Portier grüsste mich freundlich. Ich grüsste noch freundlicher zurück. Hier ein Hallo, dort ein Grüezi. Der Arbeitstag musste beginnen. Meine fahrigen Gedanken irrten umher.

Erbrochen und gebrochen

Es war an einem Mittwoch im Oktober. Eine halbe Stunde vor Sitzungsbeginn um halb zwölf habe ich auf der Redaktion in die WC-Schüssel gekotzt. Ich musste mich übergeben. Und ich fühlte mich danach nicht besser. Im Gegenteil.

Der Druck, den ich mir selber auferlegt hatte, war spürbar zu stark.

«Du bist bleich», sagte mir ein Kollege. Ich entgegnete ihm, dass ich mich nicht wohl fühlte. Aber es gehe schon. So leicht wollte ich mich nicht unterkriegen lassen. Ich wusste, was ich zu leisten im Stande bin. Ich habs während Jahren bewiesen. Nicht nur mir, sondern auch anderen. Das ist im Hirn eingebrannt wie auf einer CD. Es ist die Normalität, an der ich mich orientierte. Eine Messlatte sozusagen. Im Bedarfsfall konnte ich auf diese CD zurückgreifen.

Während Wochen konnte ich meine Leistungsgrenze beim «Blick» aber nicht mehr annähernd erreichen. Zuletzt schöpfte ich wohl nur gerade zwei Drittel meiner Möglichkeiten aus. Das Leiten von Sitzungen bereitete mir zusehends Mühe. Die tägliche Arbeit ging mir nicht mehr gewohnt locker von der Hand. Entscheidungen zögerte ich so lange wie möglich hinaus. Ich schien an meinem eigenen Druck zu zerbrechen. Ich war zum Zauderer geworden. Selbst beim Redigieren von Texten verfolgte mich diese Unsicherheit. Die Souveränität war mir abhanden gekommen. Ich verlor die Kontrolle über mich. Der Druck, den ich mir selber auferlegt hatte, war spürbar zu stark. Ich fühlte mich ziemlich hilflos und zudem heillos überfordert. Und ich hatte Angst, mein Körper zitterte zuweilen unter dieser Last.

Mein «Motor» lief zwar vermeintlich hochtourig, auf die Leistung hatte dies allerdings wenig Einfluss. Ich vergleiche diesen Zustand mit einem Formel-1-Auto. Die PSstarken Motoren liessen zwar weit höhere Tempi zu, aber das Auto fährt nicht schneller als ein Kleinwagen. So fühlte ich mich beim Arbeiten. Und die Kluft zwischen dem eigenen Anspruch und der Wirklichkeit wurde immer grösser. Darüber habe ich am Tag, als ich mich übergeben musste, mit meinem Vorgesetzten gesprochen. Er versuchte, mich zu beruhigen. Da sei wohl nur vorübergehend. Vielleicht hätte ich auch nur etwas Verdorbenes gegessen. Ich hoffte, wie immer in den letzten Tagen. Vergeblich. Das persönliche Gefühl der Anstrengung stieg, während die Qualität der Leistung sank. So jedenfalls nahm ich meine Situation wahr. Von der Hoffnung «Es wird schon wieder besser werden» musste ich zwangsläufig Abstand nehmen. Es wurde nicht besser.

Die Fahrt in die Kälte

Feierabend: Meistens erwischte ich im Bahnhof einen Zug zwischen halb neun und halb zehn Uhr. An diesem Mittwoch liess ich mich aber schon vor halb acht tief in den bequemen Bahnsessel fallen. Draussen war es bereits dunkel, es hätte also keinen Sinn gemacht, aus dem Fenster zu schauen. Ich habe dennoch meinen Kopf gedreht. Und blickte dann in ein müdes Gesicht. Gekennzeichnet von den Anstrengungen eines langen Arbeitstags. Der Geruch des Erbrochenen war allgegenwärtig. Er ekelte mich. Er begleitete mich. Ich sah den Spiegel auf der Toilette der Redaktion vor mir. Ich sah, wie mich zwei fragende Augen anstarrten. Sie sassen tief im bleichen Gesicht und zeigten keine Regung. Kein Blinzeln.

Ich versuchte, auf der Heimfahrt meine Gedanken und Gefühle zu ordnen. Ich hatte keinen Stress vor mir, sondern ein behagliches Zuhause wartete auf mich. Ein idealer Zeitpunkt, malte ich mir aus. Ich würde meiner Tochter, die bereits schlief, einen zärtlichen Gutenachtkuss auf die Wangen drücken. Dann würde ich meine Frau begrüssen, die wahrscheinlich gerade ein Buch las. Sie liebt Bücher. Ich als gelernter Buchhändler auch. Aber die Buchstaben begleiteten mich ständig durch die Stunden, Tage, Wochen und Monate. Ich hatte abends deshalb selten Lust, ein Buch zu lesen. Schlafen konnte ich auch nicht. Die Welt im Fernseher bot etwas Abwechslung. Da breiten Leute hemmungslos ihre Probleme aus, überführen Kommissare Mörder, talken auf allen Kanälen smarte Männer mit bekannten und weniger bekannten Gästen. Abschalten und nachdenken. Auch wenns unbequem ist und wehtut.

«Nächster Halt Olten.» Immer, wenn der Zug in die alte Bahnhofhalle eintaucht, kehrt ein Stück der Vertrautheit zurück. Es ist, als würde man in eine gute Stube eintreten. Dieses Gefühl habe ich heute noch. Doch in jenen Wochen war die Stube kalt, es herrschte Durchzug. Jemand schien vergessen zu haben, Feuer im Kamin zu machen. An diesem Mittwoch spürte ich die fehlende Wärme besonders. Der Tag endete so, wie er begonnen hatte: Ich war erschöpft, ratlos und hilflos.

Hauptbahnhof Zürich: Mein Instinkt leitete mich die Rolltreppe runter auf den Perron der S 23 – und nicht etwa die klaren Gedanken.

Ich klemmte die Tasche auf den Gepäckträger, rüttelte am Fahrradschloss, bis es endlich aufschnappte. Der alte Dynamo am grünen «Bonanza», meinem so genannten Bahnhofvelo, surrte regelmässig. Je schneller ich fuhr, desto schneller drehte der Dynamo. Ich fuhr selten schnell. Nur ein fahles Licht wies mir deshalb den Nachhauseweg. Es war der einzige Lichtblick in der Dunkelheit. Aber ich war froh um jeden Lichtstrahl. Auch um den matten Lichtkegel, der vor mir unruhig auf der Strasse hüpfte.

Der Verirrte im Wald

Im Oktober konnte ich einige Kompensationstage beziehen. Noch nie habe mich so sehr auf einen Urlaub gefreut. Ich fühlte mich im wahrsten Sinne des Wortes «ausgepowert». Ich war kraftlos, saftlos, mutlos und ratlos. Ich hielt mich an den bevorstehenden Freitagen fest. Ich hoffte, aus diesem endlos scheinenden Tunnel zu kommen. Einmal mehr.

Wir fuhren in die Berge. Dass ich in den folgenden Nächten weiterhin schlecht schlief, schrieb ich dem unbequemen Hotelbett zu. Auch meine Frau schlief schlecht. Die halbe Woche war noch nicht rum, da spürte ich, dass ich mich nicht erholen würde. Ich kannte dieses Gefühl bereits von den letzten Ferien her. Nichts ging mehr. Meine Frau forderte mich energisch dazu auf, endlich den Arzt zu konsultieren. «Mit dir stimmt etwas nicht», sagte sie. «Es wird schon wieder», antwortete ich. Dieser Dialog war mir bekannt. Aber ich wollte einfach allein sein.

Sonntag, 17. Oktober:
Seit dem Bänderriss vor rund vier Monaten war ich nie mehr gelaufen. Die Verletzung war inzwischen ausgeheilt. Nur gelegentlich spürte ich noch ein leichtes Zwicken im Fuss. Oder ich bildete es mir ein. Jedenfalls wollte ich an diesem nebligen Sonntagmorgen eine Runde im Wald laufen. Ich kenne diesen Wald in- und auswendig. Als Kinder hatten wir dort oft «Räuber und Poli» gespielt. Ich kenne die vielen Wege und Abzweigungen. Und auch die Abkürzungen. Der Wald lag an diesem Morgen so vor mir, wie ich ihn aus meiner Jugendzeit in Erinnerung hatte.

Aber ich hatte mich verlaufen. Ich hatte plötzlich die Orientierung verloren. Ich war über zwei Stunden unterwegs. Meistens im Schritttempo. Denn schon nach einer Viertelstunde musste ich völlig entkräftet innehalten. Mir wurde schwindlig, mir wurde schwarz vor Augen. Ich torkelte noch einige Meter und setzte mich dann auf einen am Boden liegenden Baumstamm. Ich weiss nicht, wie lange ich mich dort ausgeruht hatte. Mir kam es vor wie eine Ewigkeit. Zu Hause machte sich meine Frau Sorgen, wie sie mir später erzählte. Sie überlegte, welchen Suchtrupp sie losschicken sollte. Ich fand den Heimweg wieder. Ich setzte mich auf die Steintreppe, die zur Haustüre führt. Der Puls hämmerte. Ich atmete schwer. Es klang wie ein Röcheln.

Es war das letzte Alarmzeichen, das mir der Körper «geschenkt» hatte. Diesmal verstand ich es. Am nächsten Tag, als der Kaffee beim Frühstück anders als sonst geschmeckt hatte und ich auch nach zwei Tassen nicht wach geworden war, rief ich meinen Arzt in Solothurn an. Danach fuhr ich mit dem Zug nach Zürich, orientierte meinen Vorgesetzten, dass ich an diesem Montag bereits um 17 Uhr wieder gehen musste. Er fragte: «Ist es was Ernstes?» Ich zuckte mit den Schultern und erzählte ihm von meinem gestrigen Joggingtag.

Die Verurteilung

Am Abend sass ich im Wartezimmer der Praxis. Ich musste mich gedulden, drei Patienten waren noch vor mir an der Reihe. Ich blätterte desinteressiert in Zeitschriften. Mein Blick blieb nur an den grossen Buchstaben und den fett gedruckten Wörtern haften: «Vitaminmangel», «Alternative Heilmethoden», «Stressabbau».

Es dauerte, bis ich zur Sprechstunde gerufen wurde. Auf einen Schlag verflog meine Müdigkeit. Ich war hellwach. Ich wurde «schuldig» gesprochen. Nicht von einem Richter, sondern von einem Arzt. «Sie sind ausgebrannt.» Ich schaute ihn fragend an, schwieg nun, nachdem er mich zuvor viel hatte reden lassen. Er erklärte, gab mir Ratschläge, sprach mir Mut zu. Ich vertraute ihm. Es blieb mir nichts anderes übrig. Denn ich spürte, dass ich diesen Weg nicht allein schaffen würde. Ich brauchte jemanden, der mich auf diesem dunklen Weg begleitete. Allein wäre ich überfordert gewesen.

«Es wird schon wieder», verabschiedete mich der Doktor. Die Worte wirkten beruhigend. Der Wartesaal war inzwischen menschenleer. Draussen empfing mich Nieselregen. Den Regenschirm spannte ich nicht auf. Ich hoffte, die sanften Tropfen würden meine verwirrten Gedanken wegspülen, damit ich wieder klar denken konnte. Ich wollte aus diesem dunklen Loch hervorkriechen, in das ich gefallen war.

Ich suchte das nächste Restaurant auf und bestellte mir ein Bier. Danach noch eines und ein weiteres. Ich fühlte mich besser, weil der Alkohol meine Wahrnehmung trübte. Für einen Moment hatte ich eine fröhliche Stimmung. «Ich und krank? Niemals!» Doch die Wirkung hielt nicht lange an.

Jetzt realisierte ich, was mir der Doktor eigentlich gesagt hatte: «Burn-out-Syndrom.» Ich wusste zwar, dass es diese Krankheit gibt. Ich wusste vom Doktor auch, dass ich ernst zu nehmende Symptome aufwies. Aber sonst wusste ich nicht viel. Ich tippte den Begriff zu Hause im Computer in die Suchmaschine und surfte durchs Internet. Über das Thema wurde viel geschrieben. Der Drucker spuckte munter eine ganze Beige Papier aus. Burn-out und Knapp, passt das überhaupt zusammen?

Ich hätte es als angenehmer empfunden, in einem Spitalbett zu liegen.

Ich, ein Weichling? Ich überflog hastig die vielen Berichte. Ich klickte auf das Logo einer Spezialklinik. «Erholen Sie sich bei uns», wurde mir auf der Startseite empfohlen. In diesem Moment stürzte der Computer ab. Ich lehnte mich im Bürostuhl zurück und schloss die Augen. Ich stellte mir vor, wie die Leute mit dem Finger auf mich zeigten: «Du bist ein Versager!» – «Du bist eine Null!»

Ein bisschen wie Sterben

Mein Selbstwertgefühl raste in den Keller. Ich zweifelte, überlegte und zweifelte wieder. Ich hatte aber gleichwohl keine andere Erklärung für meinen Zustand. Ich litt weiter. Hoffte auf irgendeinen harmlosen Erreger, der sich in meinem Körper eingenistet hatte. Der verantwortlich war für meine seelische und körperliche Erschöpfung. Ich hoffte, der Raubvogel sei nur eine vorübergehende Einbildung. Und die bleierne Müdigkeit verschwände mit dieser auch bald wieder. Doch der Raubvogel hatte mich mit seinen scharfen Krallen bereits gepackt. Und er wollte mich nicht mehr loslassen. Je mehr ich mich zu wehren versuchte, desto heftiger bohrten sich die Krallen ins Fleisch.

Das Blut, das mir der Arzt am Montagabend abgezapft hatte, wurde im Labor untersucht. Er riefe mich in den nächsten zwei Tagen an, sollte mit den Werten etwas nicht stimmen, versprach mir der Doktor. Das Warten begann.

Dienstag, Mittwoch. Ich zuckte bei jedem Klingelgeräusch zusammen. Und während dieser zwei Tage kam das etliche Male vor. Doch ich hörte nie die Stimme des Arztes am anderen Ende der Leitung. Dann, am dritten Tag, hat er mich angerufen. Die Blutwerte waren im Gegensatz zum Blutdruck normal. Ich konnte aufatmen.

Wenigstens kein Krebs oder sonst eine heimtückische Krankheit, dachte ich damals. Aber immer wieder wurden diese Gedanken von anderen verdrängt. Von ganz trüben Einbildungen. Es gab jene Momente, in denen ich es als angenehmer empfunden hätte, in einem Spitalbett zu liegen: mit einem Gipsbein, einem Kopfverband oder mit Schläuchen an eine Maschine angeschlossen. Dann wäre ich nämlich sofort als kranker Mensch erkannt worden. Erklärungen wären unnötig gewesen, ich hätte meine Ruhe gehabt vor all den bohrenden Fragen und den verständnislosen Blicken. Ich hätte Blumen bekommen, die besten Genesungswünsche oder eine Flasche Heida-Wein, den ich so gern trinke. Jetzt fühlte mich allein und von der Welt im Stich gelassen. Himmeltraurigelend siechte ich mich durch den Alltag, gefangen in einer leblosen Hülle.

Ich lag nicht im Spitalbett. Ich hatte kein Gipsbein und keinen Kopfverband. Und ich wurde auch nicht auf der Intensivstation gepflegt. Aber ich war krank. Diese Wunde liess sich nicht mit einem Pflaster heilen. Ich spürte den Riss, der nicht sichtbar war. Nur ein Attest bestätigte: Ich war wirklich krank. «100 Prozent arbeitsunfähig», kritzelte der Arzt auf den weissen Zettel, den ich an jenem Montag auf dem Heimweg während der Zugfahrt ein paar Mal aus dem Portemonnaie klaubte. Auf einem Blatt Papier stand schwarz auf weiss, was ich nicht verstehen konnte.

An jenem Montagabend des 18. Oktobers wurde ich vorerst für zwei Wochen krankgeschrieben. Später sollten es bis zum Jahresende mehrere Wochen werden. Der «Blick» zeigte Verständnis für meine Situation. Der Sportchef hatte mich als Blattmacher geholt. Ich war sein Wunschkandidat für diese Führungsposition. Und er liess mich nicht gleich fallen. Das hat mir während meiner Krankheit sehr geholfen.

Schweigen gebrochen

«Burn-out» – meine Eltern konnten mit dem Begriff wenig anfangen. Oder besser gesagt: gar nichts. Meine Frau «fütterte» sie mit Informationen aus dem Internet, um sie zu beruhigen. Und ihnen auch zu sagen, dass ihr Sohn wirklich krank war. Und nicht etwa arbeitsscheu. Dass er sich nicht einfach in den Hintern klemmen konnte. Ich hatte Verständnis für die Zweifel. Man sah mir ja nicht an, wie sehr ich leiden musste. Niemand konnte in mein Inneres blicken.

Erst mit dem Rücktritt von Rolf Schweiger als FDP-Präsident wuchs das Verständnis.

«Schweiger ausgebrannt», titelten die Zeitungen. Das Burn-out-Syndrom wurde quasi über Nacht salonfähig. Ich verfolgte die Diskussionssendungen im Fernsehen. In den Medien wurde die Krankheit regelrecht «ausgeschlachtet». Betroffene erzählten von ihren Erfahrungen. In Umfragen gab die Cervelat-Prominenz Tipps für ein unbeschwertes Leben. Burn-out war während Wochen ein Thema. Die Krankheit wurde von allen Seiten betrachtet. Aber viele Leute redeten nur, um auch etwas gesagt zu haben. Das machte mir zu schaffen.

Immerhin hat mir Schweigers Schritt in die Öffentlichkeit geholfen. Fortan musste ich weniger erklären, wenn ich auf meinen Gesundheitszustand angesprochen wurde. Niemand hat mehr gefragt: «Was ist das?» Es klang ganz anders: «Ach, Sie haben auch Burn-out. Wie der Schweiger. Schrecklich.» Ich spürte, viele Leute hatten wirklich keine Ahnung.

Flucht in die Einsamkeit

Ich fühlte mich in den ersten Wochen nach dem 18. Oktober nur noch in unserem Haus geborgen. Dort konnte ich mich zurückziehen. Es ist gross genug, um sich zu «verstecken». Es gibt kein Treppenhaus, wo man wie bei einer Mietwohnung immer wieder Nachbarn trifft. Ich war allein mit mir und meinem Problem. Aber ich suchte diese Einsamkeit. Ich scheute den Kontakt selbst zu guten Freunden. Ich schirmte mich von der Aussenwelt ab. Nur meine Familie war da, liess mich aber in Ruhe, wenn ich allein sein wollte. Und zeigte auch Einfühlungsvermögen für meine unberechenbaren Stimmungen zwischen himmelhoch jauchzend und zu Tode betrübt. Das war nicht ich, der da durchs Wellental der Gefühle rauschte. Das wusste ich. Und das wussten auch meine Lieben.

Ich bewundere meine achtjährige Tochter, wie sie mit meiner Krankheit umgegangen ist. Sie stellte keine «dummen» Fragen, auch wenn sie sehr neugierig ist. Sie lauschte den Gesprächen der Eltern, spürte, dass ich nicht gut drauf war. Ich machte erst gar nicht den Versuch, mich zu verstellen. Das hätte meine Tochter sowieso gemerkt. Wenn sie von jemandem nach Papi gefragt wurde, antwortete sie keck: «Er arbeitet nun halt viel im Büro zu Hause.» Für meine Tochter war ich nicht krank, nur weil ich morgens nicht wie gewohnt das Haus verliess. Sie sah es positiv. Ich sass daheim, hatte Zeit, mit ihr zu spielen. Sie genoss meine ständige Anwesenheit. Sie fragte mich einmal, ob ich nun immer zu Hause arbeiten würde? Es klang wie ein Wunsch. Aber ich spürte, dass diese Frage in Zusammenhang mit meinen Versäumnissen in der Vergangenheit stand. Ich hatte meiner Tochter viel zu wenig Zeit gewidmet. Sich das einzugestehen, schmerzt auch.

Nun spielten wir oft zusammen. Etwa «Eile mit Weile». Irgendwie passte dieses Spiel zu meinem Gemütszustand. Mal läuft es prächtig, man würfelt sich in den Himmel. Oft aber wird man eingeholt und muss wie-

Auf einer Wanderung rutschte ich beim Hinunterlaufen auf einer nassen Holzstiege aus und purzelte einige Meter den Hang hinunter.

der ganz von vorn beginnen. Und nur manchmal hat man Zeit, sich auf einer Bank etwas auszuruhen. Fast wie im richtigen Leben.

Der Rückhalt in der Familie

Ich versuchte in diesen dunklen Tagen, nicht einfach herumzusitzen. Ich versuchte, nicht in Selbstmitleid zu verfallen, um ja kein Bild des Jammerns abzugeben. Es ist mir nicht schlecht gelungen. Auch dank meiner Familie. Sie hat mir die schönen Seiten des Lebens jeden Tag von neuem gezeigt. Sie gab mir Kraft und Lebensmut. Sie gab mir auch das Gefühl, gebraucht zu werden. Ein unbeschreibliches Gefühl. Und ich versuchte, der Familie auch in den schweren Stunden ein Vorbild zu sein. Was nicht immer einfach war. Ich war oft gereizt, ja sogar ziemlich «ungeniessbar». Meine Frau liess sich verständlicherweise von meinen Launen gelegentlich anstecken. Die Ungewissheit, wie es in unserem Leben weitergehen würde, bohrte sich in unsere Köpfe ein. Ein Haus, mit Hypotheken belastet, ein Mann, gezeichnet von körperlicher und seelischer Erschöpfung – das zehrte an ihren Nerven. Sie war eine Stütze. Sie hörte zu, wenn ich reden wollte, sie schwieg, wenn ich nicht zuhören mochte. Was nicht selten vorkam.

Und das Wichtigste: Sie hat mich nie fallen gelassen, mich nie ein «Weichei» genannt und mir nie gesagt, ich solle endlich arbeiten gehen wie andere Familienväter. Ihre Haltung hat meine Situation erträglicher gemacht.

Dieser Rückhalt in der Familie war auch mit ein Grund, weshalb ich mich nicht in eine Spezialklinik einweisen liess. Mit meinem Arzt habe ich oft darüber gesprochen. Wir kamen nach Abwägen der Vor- und Nachteile gemeinsam zum Schluss, dass ich mich in vertrauter Umgebung und mit seiner Hilfe auch erholen könne.

Meinem Erschöpfungszustand wollten wir begleitend mit einer so genannten Magnetfeldtherapie begegnen. Ich legte mich morgens und abends während je acht Minuten auf die an eine Steckdose angeschlossene Matte, um dank der «Bio-Elektro-Magnetischen-Energie-Regulation» (so wird die Bemer-Therapie im Prospekt beschrieben) meine Energiedefizite wieder aufzuladen. Ein dosiertes, pulsierendes elektromagnetisches Feld würde den Energiehaushalt verbessern und den Stoffwechsel aktivieren, stand da weiter geschrieben. Trotz der schönen Worte war ich skeptisch. Aber mein Arzt überzeugte mich. Auch viele Spitzensportler würden regelmässig auf der Matte liegen.

Einige Wochen lang habe ich diese Therapie gemacht. Zweimal acht Minuten Entspannung. Sie taten mir gut. Aber sonst kann ich über die Wirkung dieser Energieströme wenig erzählen. Ich glaubte schliesslich einfach daran. In meiner Lage hielt ich mich an allem fest, was Besserung versprach. Medikamente gehörten nicht dazu. Ich wollte keine Antidepressiva schlucken. Wollte mich nicht in eine andere Abhängigkeit begeben. So stark war mein Wille noch. Zudem hatte mich mein

Arzt unter Kontrolle. In den Gesprächen hörte er aufmerksam zu. Er wusste, was sich in meinem Innersten abspielte.

Die Natur stellt keine Fragen

Meine bevorzugte Therapie waren aber Wanderungen oder Spaziergänge. Dabei konnte ich Schritt für Schritt meine fahrigen Gedanken ordnen. Ich versuchte es jedenfalls. Und wenn sich meine Gedanken im Kreis drehten oder wirr umherirrten, hielt ich kurz inne. Ich passte das Denken meinen Schritten an. Die Gedanken waren dann manchmal ebenso schwer wie die Schritte beim Bergauflaufen. Aber ich wollte Körper und Geist zu Harmonie zwingen. Sie mussten wieder lernen, eine Einheit zu bilden. Was nicht einfach war.

Seit dem Arztbesuch waren fast zwei Wochen vergangen. Erstmals habe ich für längere Zeit das Haus verlassen. Ich fuhr mit dem Zug nach Hägendorf. Ich hatte mir vorgenommen, durch die Teufelsschlucht zu laufen, um via Belchen auf den Rumpel zu gelangen. Fünf Stunden Marschzeit, hatte ich ausgerechnet. Den Rucksack hatte ich mit Äpfeln, Brotscheiben und Tranksame gefüllt. Beim Hinunterlaufen, die Hälfte des Wegs war bereits geschafft, rutschte ich auf einer nassen Holzstiege aus und purzelte einige Meter den Hang hinunter. Beim Sturz hatte ich mir eine Schürfwunde am rechten Arm zugezogen. Die Spuren davon sind heute noch sichtbar. Ich fühlte mich schlapp. Ich hatte mich an diesem Tag überfordert, auch weil ich die Distanz unterschätzt hatte. Ich war eine Stunde länger unterwegs als geplant. Ich hatte eine Abzweigung verpasst und musste deshalb einen Umweg machen.

Kurz vor Olten kam mir ein Jogger entgegen. «Hallo, Thomas», grüsste er mich. Er ist ein Berufskollege von mir und heute ein bekannter Schriftsteller. «Du machst keinen guten Eindruck», sagte er. Ich nickte. Und ich erzählte ihm von meinem Zustand.

Auf meinen ausgedehnten Spaziergängen war er der Erste und Letzte gewesen, mit dem ich über mein Befinden gesprochen hatte. Traf ich Bekannte, gab ich mich wortkarg und verschlossen. Ich wollte einfach nicht darüber reden. Man sah mir eh an, dass etwas nicht zum Besten bestellt war. Dass ich einen bedrückten Eindruck hinterliess. Ausserdem: Warum spaziert ein berufstätiger Mann mitten am Tag allein im Wald? Verbringt man so einen freien Tag? Ich spürte, dass solche Fragen gern gestellt worden wären. Aber mit meiner abweisenden Haltung habe ich die Distanz zwischen mir und den anderen gewahrt.

Spaziergänge über den Friedhof

Während dieser Wanderungen konnte ich Kraft tanken. Ich freute mich an den kleinen Dingen, die man in der Hektik des Alltags allzu oft übersieht. Etwa an einem Eichhörnchen, das flink einen Baumstamm hochklettert. Ich freute mich über den Anblick eines scheuen Rehs, das einige Meter vor mir den Weg kreuzte. Ich schaute fasziniert den Blättern nach, die sanft von den Bäumen auf den Boden segelten. Ich bestaunte die Ameisen, die sich vor meinen Augen im Dienste ihrer Königin abrackerten. Sie bereiteten wohl ihre Nester für den Winter vor. Wie in unserer Gesellschaft ist auch in einem Ameisenstaat fast alles geregelt. Aussenseiter haben es schwer. Sie müssen Rechenschaft ablegen, warum sie nicht arbeiten können. Sie sollten Antworten auf Fragen geben, die sie selber gar nicht kennen. Sonst vereinsamen sie, irgendwann. Und niemand merkt es, weil sie nicht vermisst werden. Sie gehören nicht mehr dazu. Sie gehen in der Menge unter. Und werden vergessen. Schon bald.

Ich genoss sie, die stillen Momente im Wald. Ich konnte in mich hineinhorchen. Ich lernte, mit meinen körperlichen und seelischen Schwankungen umzugehen. Ich musste mich nie rechtfertigen. Die Natur stellt keine Fragen und erwartet auch keine Antworten. Ich lernte aber dennoch zu begreifen. Vor allem aber lernte ich, meinen Zustand zu akzeptieren. Ohne in Selbstmitleid zu verfallen. Ich war bereit, mein Leben umzugestalten. Ich war bereit, womöglich meine Karriere zu opfern. Immer mit der Hoffnung, dass nach einem Abstieg wieder ein Aufstieg kommen muss: mehr Lebensqualität und damit mehr Lebenslust. Ich war überzeugt, das Rezept gefunden zu haben. In meiner Zukunft sah ich nicht mehr alles nur schwarz. Es gab die kleinen Lichtblicke.

Oft spazierte ich über den Friedhof. Manchmal fühlte ich mich den Toten näher als den Lebenden.

Oft führte mein Weg über den Friedhof. Ich besuchte dann das Grab meines Gottenkindes. Und das Grab meiner Gotte. Auch das Grab jenes Mannes, der das Haus, in dem wir nun wohnen, erbaut und bewohnt hatte. Ich kannte diesen Mann nicht, dankte ihm aber gleichwohl für die Oase in der Stadt. Manchmal fühlt man sich den Toten näher als den Lebenden. In solchen Momenten will man Gott wieder spüren. Ich bin kein regelmässiger Kirchgänger. In den schweren Stunden nun suchte ich den Kontakt wieder vermehrt. Aber ich habe nie um Hilfe gefleht. Nur einmal sprach ich ein kleines Stossgebet gen Himmel. Warum ich? Vielleicht bin ich einfach zu wenig Egoist. Doch andere sind weit schlimmer dran. Die haben Krebs, haben womöglich nur noch einige Wochen zu leben. Ich litt an keiner tödlichen Krankheit, aber es tröstete mich nicht wirklich. Auch ich habe mich manchmal sterbenselend gefühlt. Der Himmel blieb mir verschlossen. Zum Glück.

Ich dachte in jener Zeit auch viel an meine Grossmutter, die vor über einem Vierteljahrhundert gestorben war und zu der ich eine enge Beziehung gepflegt hatte. Kurz vor meinem zwanzigsten Geburtstag reiste ich nach Frankreich in eine Sprachschule. Am Abend vor der Abreise hatte ich noch mit meiner über neunzigjährigen Grossmutter telefoniert. Ich wünschte ihr alles Gute, sie mir auch. Und dann hatte sie mir jenen Satz gesagt, den ich nie vergessen werde: «Wenn du zurückkommst, werde ich nicht mehr da sein.» Ich erinnere mich nicht, wie ich auf diese Worte reagiert habe. Ich glaube, ich habe sie bloss zur Kenntnis genommen. Sie gar nicht hinterfragt. Vielleicht war ich auch zu feige, um nachzufragen. Ich war aber noch keinen Monat in der Sprachschule, als ich ans Telefon gerufen wurde. Meine Mutter teilte mir mit, dass die Grossmutter gestorben war. Der Satz war auf einen Schlag wieder da. «Ich werde nicht mehr da sein …»

Auf meinen Spaziergängen über den Friedhof kann ich meine Grossmutter heute zwar nicht mehr am Grab besuchen. Dieses ist längst aufgehoben. Aber ich spürte vor allem in den schweren Stunden ihre Nähe.

Der wirtschaftliche Druck

Mit meinem direkten Vorgesetzten beim «Blick» hatte ich regelmässigen Kontakt. Ich fuhr einmal in der Woche nach Zürich. Wir trafen uns dann jeweils in einem Restaurant zum Essen. Wir tranken einen Wein. Er gab mir viele gut gemeinte Ratschläge und fragte manchmal beiläufig, ob ich wirklich ausgebrannt sei? Auch er hätte oftmals Mühe, sich zu konzentrieren. Auch er sei nicht immer gut drauf. Er erzählte mir, wie er, als er beim «Blick» begonnen hatte, in eine Krise geraten war. Er wollte diese Bemerkungen aber nicht als Vorwurf an meine Person verstanden wissen. Er zweifelte auch nicht an meinem Zustand. Er wollte mir wohl Hoffnung machen. Gefragt habe ich ihn nie. Was mir sehr geholfen hat: Er übte keinen Druck aus. Der kam erst später. Als der Sportchef in den Ferien weilte.

Neben der psychischen und physischen Belastung kam der wirtschaftliche Druck dazu. Der befristete Vertrag bot auf die Dauer keine Sicherheit. Doch das war mir an jenem 29. Oktober nicht bewusst, als ich unter den befristeten Vertrag, der vorerst bis Ende Jahr gültig war, meinen Namen gesetzt hatte. Notabene zwei Tage vor Ablauf der Probezeit und neun Arbeitstage nach meiner Krankschreibung. Eigentlich hätte ich nur die Probezeit verlängern wollen, um mich neu orientieren zu können, sollten meine Ängste nicht verschwinden. Das sei arbeitsrechtlich nicht möglich, wurde mir beschieden. Also habe ich diesen Vertrag unterzeichnet. Ich brauchte einen garantierten Lohn.

Die anderen Varianten wären gewesen: Man hätte mich trotz des Arztzeugnisses in der Probezeit entlassen (hat man mir gesagt). Oder ich hätte bis zum Ablauf der Probezeit eine Grippe vortäuschen können. Doch das ist nicht meine Art. Ich bin ein schlechter Schauspieler.

Das Medienhaus hat korrekt gehandelt, es hat mich nicht gleich fallen gelassen. Als Betroffener, der mitten im Schlamassel steckt, sieht man die Sachlage halt ein bisschen anders. Aber damals, als ich die Probezeit verlängern wollte, stand ich unter einem gewaltigen Druck. Den grössten habe ich mir wohl selbst auferlegt. Zeit zum Überlegen gab es nicht. Immerhin: Der Sportchef hatte sich dafür eingesetzt, dass dieser Vertrag später bis Ende Februar verlängert worden war. Ich bekam eine Schonfrist. Dafür war ich dem Arbeitgeber dankbar.

Ich wollte am 1. Januar wieder arbeiten. Bis Ende Februar könne ich mich beweisen, wurde mir offeriert. Ich solle es wieder als Blattmacher versuchen, sagte mein Vorgesetzter. Ich würde das schon noch packen. Ich zweifelte, ob ich den Inhalt der Zeitung wieder lesergerecht zubereiten könnte. Ob ich die richtigen Schlagzeilen kreieren könnte. Ob ich die täglichen Sitzungen wieder leiten könnte. Ob mich die Kollegen auf der Redaktion mit offenen Armen empfangen würden. Ich hatte eine Menge enormer Selbstzweifel. Dennoch musste ich da durch. Allerdings wollte ich vorerst nur eine Teilzeitanstellung, auch auf Anraten meines Arztes. Für meine Gesundheit nahm ich die Lohneinbussen, die der neue Vertrag mit sich brachte, gerne in Kauf.

Eine November-Tristesse

Mitte November teilte ich dem Sportchef dann mit, er solle sich einen anderen Blattmacher suchen. Mit diesem schwierigen Entscheid wollte ich Verantwortung von mir nehmen. Denn alle erwarteten von mir, dass ich schon bald wieder funktionierte. Das spürte ich. Und ich wollte dem Vorgesetzten, der mir gut gesinnt war, einen Handlungsspielraum geben. Mit meinem Rücktritt konnte er die Stelle neu besetzen.

Ich selber muss schon damals keine Zukunft mehr in jener Redaktion gesehen haben, in der meine Krankheit ausgebrochen war. Und ich war überzeugt, bald eine neue Stelle zu finden.

Das war ein gewaltiger Trugschluss. Ich rate allen ab, sich für eine Stelle zu bewerben, wenn man sich nicht einigermassen wohl fühlt. Denn man wirkt wenig überzeugend. Für die Bewerbungen brauchte ich Energie, die ich wohl besser zur Genesung eingesetzt hätte. Ich habe mich zwar fleissig beworben, «verkaufte» mich, so gut es ging. Auf jede Bewerbung folgte aber umgehend eine Absage. «Leider müssen wir Ihnen mitteilen, dass wir uns für eine andere Person entschieden haben. Wir wünschen Ihnen viel Glück bei der weiteren Stellensuche.»

Ich habe zwar in meinem Dossier oder in Gesprächen nie erwähnt, dass ich unter dem Burn-out-Syndrom leide. Aber verheimlichen kann man die Stimmung, in der man sich befindet, wohl nicht. In Gesprächen nicht, und auch in Bewerbungsschreiben nicht. Ein Dutzend Lebensläufe, Begleitbriefe und Zeugniskopien brachte ich auf die Post. Vielleicht auch deshalb, weil ich mir dank positiver Rückmeldungen wieder mehr Selbstvertrauen erhoffte. Ich sehnte ein positives Echo herbei. Zweimal konnte ich mich persönlich vorstellen. Meistens aber nahm ich resigniert die Briefumschläge aus dem Briefkasten. Ich kam ins Grübeln. «Mich will keiner.» Arbeitslose kennen dieses Gefühl bei der Jobsuche. Man fühlt sich überflüssig, ausgeschlossen und ausgestossen. Es ist eine Art Seuche, die die Betroffenen langsam dahinsiechen lässt. Und dieses Gefühl des

Die Familie gab mir das Gefühl, gebraucht zu werden. Ein unbeschreibliches Gefühl.

getrockneten Lappens, den man achtlos in eine Ecke wirft, kannte ich ja bereits. Ich spürte die Krallen des Raubvogels. Die Haut brannte.

Persönliche Gespräche

Regelmässig habe ich meinen Arzt aufgesucht. Wir haben dann meist nur miteinander gesprochen. Aber nachher habe ich mich immer besser gefühlt. Für mich war es wichtig, eine Vertrauensperson ausserhalb meines engen Umfelds zu haben. Ich war zwar zeitweise schwermütig. Doch der Lebensmut war stärker als die Depression. Ich wollte wieder zurück ins normale Leben. Das hatte sich in meinem Kopf festgesetzt. Ich wollte mich endlich aus den Krallen des Raubvogels befreien. Auf diesem beschwerlichen Weg gab es natürlich auch entmutigende, traurige und ängstliche Stimmungen. Doch ich spürte, dass ich mich trotz allem im Griff hatte. Mein Arzt hat mit mir darüber gesprochen. Über Suizid. Manchmal drängten sich schwarze Gedanken in den Vordergrund. Aber ich wollte mich nicht umbringen. Auch wenn ich heute Menschen verstehen kann, die in der Dunkelheit keinen anderen Ausweg mehr erkennen können. Früher hatte ich sie noch als Feiglinge abgestempelt, die vor dem Leben davonlaufen. Heute weiss ich, dass diese Flüchtenden nur mutlos sind. Wie ich es war.

Ich hielt mich daheim an einen geregelten Alltag. Frühstück mit der Familie, ein langer Spaziergang, Mittagessen mit der Familie, wieder an die frische Luft, Abendessen mit der Familie. Und ich versuchte, viel zu schlafen. Doch der Schlaf liess mich im Stich. Trotz Erschöpfung. Aber immerhin hatte mein Körper auch tagsüber weniger hektische Momente. Er war dankbar dafür. Ich hockte mich regelmässig vor den Computer und surfte im Internet. Nach wochenlangem Abschotten besuchte ich auch Kollegen, die ich schon lange vernachlässigt hatte. Ich brachte Struktur in meinen Alltag. Ich wollte etwas Nützliches tun. Die richtige Arbeit aber, die von der Gesellschaft als solche definiert ist, war noch weit weg.

Der dünnhäutige Kranke

Es war in der ersten Adventswoche, also fast zwei Monate seit der Krankschreibung. Eine Personalverantwortliche vom «Blick» rief mich an diesem Mittwoch gegen sechs Uhr abends an. Einen Tag vor meinem geplanten Kuraufenthalt in Saas-Fee.

Die Frau empfahl mir einen Psychologen, den ich in Zürich aufsuchen sollte. Es war ein Angebot des Arbeitgebers, der mit diesem Fachmann zusammenarbeitet. Er beurteilt Fälle wie Burn-out, Arbeitsdepression oder Mobbing. Eigentlich eine gute Sache, dachte ich mir. Die Entscheidung überliess sie mir. Ich willigte aber sofort ein, hatte ich ihr doch schon in früheren Gesprächen angeboten, dass ich einen Vertrauensarzt konsultieren würde, falls das Unternehmen dies wünschte.

Denn ich wollte nicht den Eindruck erwecken, dass ich mir diese Krankheit nur ausgedacht hätte. Sie wollte also für einen Termin im Januar besorgt sein. Doch ich muss schon damals geahnt haben, dass ich diesen Termin gar nie wahrnehmen und den Psychologen nicht kennen lernen würde. Ich weiss nicht, weshalb ich dieses Gefühl hatte. Aber es war einfach da. Vielleicht fehlte mir das Vertrauen. Denn ich war in den letzten Wochen gegenüber allem Neuen und Unbekannten misstrauisch geworden. Es machte mir sogar Angst. Ich hatte nicht nur den Glauben an mich, sondern auch den an meine Mitmenschen verloren. Und es wäre für mich unvorstellbar gewesen, mich einem mir unbekannten Menschen zu öffnen. Ich konnte mein Inneres nicht nach aussen kehren wie bei einem Handschuh, den man zum Trocknen auf den Ofen legt.

In diesem Telefongespräch sagte mir die Personalfachfrau noch, wie sehr die Leute in der Sportredaktion unter Druck stünden. Und überhaupt, ob ich tatsächlich unter dem Burn-out-Syndrom leide? Im Gegensatz zu meinem Vorgesetzten schien sie zu zweifeln. Den Unterton verstand ich als «Sie sind ein Simulant! Arbeiten Sie wieder mal!». Ich empfand es jedenfalls so. Dabei hatten wir eine Woche zuvor in ihrer Anwesenheit besprochen, dass ich erst wieder ab Neujahr arbeiten würde. Warum dann diese Bemerkung mit der Wirkung eines Nadelstichs? Ich fühlte mich nach dem Telefonat schlecht. Meine Reaktion hat mir gezeigt, dass ich noch nicht über den Berg war. Die kleinen Fortschritte der letzten Tage waren wie weggeblasen. Ich war wieder dort, wo ich schon einmal war: ganz weit unten. Wieder erdrückt von dieser bleiernen Müdigkeit in Geist, Körper und Seele. Ich spürte die Krallen in meinem Nacken. Aber vor allem spürte ich die Skepsis in der Stimme der Personalverantwortlichen. Die Zweifel fremder Leute, die mich nicht kannten und doch über meine Krankheit urteilten, stimmten mich nachdenklich. Dem ist man wehrlos ausgeliefert.

Meine Frau war jedenfalls wütend auf die Frau von der Personalabteilung. Sie wollte ihre Telefonnummer, ich gab sie ihr nicht. Doch die Reaktion meiner Frau hat mir gezeigt: Sie litt genauso wie ich. Im Gegensatz zu mir zeigte sie aber ihre Wut. Auf mich hingegen wirkte das Telefonat wie eine bittere Pille mit lähmenden Nebenwirkungen. Schwarze Flecken tauchten auf.

Nach diesem Gespräch schlief ich noch schlechter als sonst schon. Ich zitterte sogar unter der Bettdecke, die Gedanken vibrierten. Ich hockte mich vor Tagesanbruch an den Computer und schrieb der Frau vom Human Resources Management einen zweiseitigen Brief, um mit Nachdruck auf meinen derzeit geschwächten Zustand hinzuweisen. Ich schrieb ihr, dass ich lieber arbeiten würde. Dass ich nichts lieber täte, als wieder Sitzungen zu leiten und Schlagzeilen zu kreieren. Mit Worten konnte ich mich teilweise aus der Umklammerung befreien. Dann waren die Energiereserven aufgebraucht. Ich war hellwach und gleichzeitig todmüde.

Erinnerungen an die Stärke

Zwar fühlte ich mich nach dieser Nacht alles andere als unternehmungslustig, aber ich fuhr dennoch zur Kur in die Berge. Ich freute mich auf den Aufenthalt in Saas-Fee. Ich hatte mich bei einem befreundeten Hotelier angemeldet. So konnte ich mit jemandem reden, falls ich dies brauchte. Und die Umgebung des Touristenortes war mir vertraut. Dort würde ich mich in den nächsten zwei Wochen erholen können.

Schon auf der Zugfahrt löste sich die Anspannung. Keine Bilder stifteten mehr Unruhe wie zuletzt auf dem Weg zur Arbeit.

Das Postauto schlängelte sich über die Bergstrasse dem Dorf entgegen. In wenigen Augenblicken würde sich vor mir ein unvergleichliches Panorama auftun. Und ich würde mit meinen Blicken die Parade der stolzen Viertausender abnehmen. Wie ich es schon unzählige Male zuvor getan hatte. Einmal nahm ich diese Parade gar auf dem Fahrrad ab. Das war vor fünf Jahren. Damals, an einem Tag im August, fuhr ich die 240 Kilometer vom Solothurnischen bis ins Südwallis. An einem Stück, ganz allein, über zwei Pässe und im Gegenwind des Rhonetals.

Die Mischabelkette mit dem Dom, dem höchsten ganz auf Schweizer Boden gelegenen Berg (4545 Meter), faszinierte auch den Schriftsteller Carl Zuckmayer. In seinem Epilog zu «Als wärs ein Stück von mir» schrieb er: «Dann biegt man, schon auf der Höhe der Ortschaft, um eine Felsenecke und steht ganz plötzlich vor einem Anblick, wie er mir nie und nirgends begegnet ist. Man steht am Ende der Welt und zugleich an ihrem Ursprung, an ihrem Anbeginn und in ihrer Mitte.»

Es war die Natur in ihrer scheinbar ursprünglichen Form, die mich lockte. Von der ich mir Besserung erhoffte. Inmitten dieser Bergriesen kommt man sich so klein vor. Dieser Zustand war mir vertraut. Ich fühlte mich seit Wochen winzig. Vielleicht könnte ich mich gerade an diesem Ort wieder aufrichten. Ein Ort, wo ich mich immer sehr wohl gefühlt habe.

Der Sprung von der Brücke

Vor dem Nachtessen lief ich bei Dämmerung über die rund 150 Meter lange Schluchtbrücke. Dabei musste ich an eine Bekannte denken, die sich nur wenige Tage zuvor von einer Autobahnbrücke in den Tod gestürzt hatte. Es wäre für mich ein Leichtes gewesen, mit einem Sprung über das Geländer alles zu beenden. Sekundenbruchteile später würde ich tief unten in der Schlucht hart aufschlagen, würde wohl einen kurzen Schmerz verspüren, dann hätte das Leiden ein schnelles Ende. Vielleicht würde ich noch schreien. Vielleicht auch nur stumm fallen. Das ging mir in jenem Moment durch den Kopf, als ich den rechten Fuss auf die Brücke setzte. Ich war mir aber sicher, diese Gedanken nicht in

Ich genoss sie, die stillen Momente an einem Weiher im Wald. Die Natur stellt keine Fragen und erwartet auch keine Antworten.

die Tat umzusetzen. Dennoch lief ich bewusst in der Mitte des Übergangs. Die beleuchteten Geländer links und rechts von mir waren mehrere Armlängen entfernt. Sicherheitsabstand. Denn ich musste plötzlich auch an einen Cousin denken, der sich vor vielen Jahren erschossen hatte. Komisch, welche Überlegungen ich mir während weniger Schritte machte. Sachen, an die ich in den letzten Jahren nie gedacht hatte.

Am anderen Ende der Brücke waren die schwarzen Gedanken verflogen. Ich schaute kurz zurück, machte drei, vier Schritte seitwärts und spähte nun doch ängstlich in die Schlucht hinunter. Ein dunkles Loch öffnete sich vor mir. Hier hatte sich eine junge Frau das Leben genommen, wird unter den Einheimischen erzählt. Das kam mir in jenem Moment in den Sinn. Mir schauderte. Ich glaubte, die Frau, die ich gar nicht gekannt hatte, tief unten schemenhaft zu erkennen. Ich glaubte auch, den dumpfen Aufprall eines Körpers gehört zu haben. Kein Schrei. Nur ein bleiches Gesicht geisterte durch die Finsternis.

Die Kälte holte mich zurück. Ich atmete tief durch. Ich suchte ein Restaurant auf und setzte mich an einen Tisch. Ich bestellte ein warmes Essen und ein Glas Rotwein. In diesem Moment war ich froh, unter Menschen zu sein. Ich sprach allerdings mit niemandem, hörte nur zu, was am Nebentisch geredet wurde. Wahrgenommen habe ich bloss ein Gemurmel. Ich sass zwar inmitten vieler Leute, gleichzeitig war ich aber allein, weit weg. Wie so häufig in letzter Zeit. Ein komisches Gefühl. Doch irgendwann hat man keine Kraft mehr, ständig alles zu hinterfragen. Es kommt der Zeitpunkt, wo man sich seinem Schicksal ergeben will. Damit alles Kämpfen ein Ende hat.

Am nächsten Morgen bin ich nochmals über die Brücke gelaufen. Diesmal nicht in der Mitte, sondern ganz links. Ich umklammerte mit beiden Händen das rote Geländer und schaute in die Tiefe. Wer da runterspringt, muss verzweifelt und mutlos sein, dachte ich mir. Ich war selten verzweifelt und mutlos, nur ratlos. Ich hatte mit meinem Leben noch nicht abgeschlossen. Hatte also keinen Grund, um alles zu beenden. Wirklich nicht? Ich lief weiter, setzte mich auf eine Bank, die Brücke im Blickfeld. Sonnenstrahlen wärmten mein Gesicht. Ich schloss die Augen, liess die Wärme in meinen Körper eindringen. Ich sah mich plötzlich fallen. Tief fallen. Das Loch wurde immer grösser, mein Fall immer schneller. Aber irgendwann fiel ich nicht mehr nach unten, sondern nach oben. Jetzt raste der Himmel auf mich zu. Ich versuchte zu schreien, brachte aber keinen Laut heraus.

Ich rieb mir verwundert die Augen. Längst stand die Ruhebank im Schatten. Ich musste eingeschlafen sein. Und ich hatte endlich wieder einmal geträumt. Ich war auf einer wunderlichen Reise. Und stand vor der Abreise. Anderntags beendete ich meinen Aufenthalt in diesem Ferienort. Trotz blauem Himmel und Sonnenschein beschloss ich, mich unter die Nebeldecke ins Grau zu verdrücken. Ich hielt es allein nicht mehr aus, fühlte mich leer wie zu jenem Zeitpunkt, als mir der Arzt die Diagnose stellte. Jene Wochen nach dem 18. Oktober waren die schwierigsten. Es war ein ständiges Ringen mit der eigenen Schwäche. Aber irgendwann muss man die Krankheit akzeptieren. Denn der Zustand des Körpers lässt gar kein anderes Eingeständnis mehr zu. Er stotterte oft, funktionierte häufig nur noch mit Aussetzern. Ich brachte ihn nicht mehr in die Gänge. Er gehorchte mir nicht mehr.

Die Angst kehrt zurück

Ich wollte so schnell wie möglich wieder ein vollwertiges Mitglied dieser Gesellschaft sein. Aber ich wusste auch, dass ich nichts überstürzen durfte. Ausgebrannt zu sein, heisst auch Geduld haben. Das habe ich gelernt, lernen müssen.

Zwei Wochen vor Weihnachten meldeten sich die Lebensgeister langsam zurück. Aber die Angst vor dem Versagen blieb präsent. Wenn ich im Januar auf der Redaktion eintreffe, kann ich den vielen Fragen nicht ausweichen. Dann muss ich wieder funktionieren, muss meinen Arbeitgeber von meinen Fähigkeiten überzeugen. Halte ich diesem Druck überhaupt stand? Wenn nicht, stehe ich im Frühling auf der Strasse. Ohne Aussichten auf eine neue Beschäftigung. Wenn ich in den nächsten zwei Monaten an der Aufgabe zerbreche, leidet auch meine Gesundheit darunter. Und die finanziellen Sorgen werden grösser. Ein Teufelskreis. Wie komme ich da wieder raus?

Die Fragen hämmerten in meinem Kopf. Die Antworten waren weit weg. Dieser Zustand wirkte lähmend. Ich hatte während Tagen auch keine Lust mehr, spazieren zu gehen. Ich fühlte mich müde und matt, scheute den Regen und die Kälte. Ich wollte vor allem keine Menschen sehen. Wollte keine Erklärungen mehr abgeben. Wollte eigentlich nur Klarheit darüber, wie es ab Neujahr weitergehen sollte. Und wartete auf die Rückkehr meines Vorgesetzten aus den Ferien. Er war der Einzige im Unternehmen, mit dem ich darüber sprechen mochte.

Ich war jetzt in einer Phase, wo meine Geduld und die Energien aufgebraucht schienen. Ich wollte mich nur noch treiben lassen. Alles hinwerfen, diesen ungleichen Kampf aufgeben. Schon so viel ist kaputtgegangen, schlimmer könnte es gar nicht mehr werden. Ich war zu schwach, um mich mit einem letzten verzweifelten Versuch aus den Krallen des Raubvogels zu befreien. Sollte ich in ein Sanatorium? Sollte ich wirklich Tabletten (etwas, dem ich mich bisher widersetzen konnte) – a) gegen Schlaflosigkeit; b) gegen Erschöpfung; c) gegen Depression – schlucken?

Nein! Ergeben wollte ich mich nicht. Ich habe eine wunderbare Tochter, eine liebe Frau, treue Freunde und gute

Kollegen. Dafür lohnte es sich, immer wieder aufzustehen. Die Handynummer meines Arztes hatte ich gespeichert. Für alle Notfälle. Dass ich ihn rund um die Uhr anrufen könnte, wirkte beruhigend. Es gab mir etwas Sicherheit.

Eine schmerzliche Absage

Seit über zwei Monaten war ich nun krankgeschrieben. Und erstmals bin ich in den Ausgang gegangen. Ein guter Freund hat mich dazu ermuntert. Es hat mir gut getan. Wir haben viel gesprochen, gelacht und getrunken. Am Morgen jedenfalls brummte mein Schädel von den vielen Stangen noch lange in den Tag hinein. Ich vertrug den Alkohol nicht mehr. Eisern verweigerte ich mich ihm während meiner Krankheit. Ich wusste, dass ich mein Problem nicht ertränken konnte. Nur beim Essen mit der Familie genehmigte ich mir ein Glas Wein. Dennoch möchte ich den kleinen Absturz mit dem Freund nicht missen. Ich getraute mich wieder in die Gesellschaft vieler Menschen. Und das war doch schon ein kleiner Fortschritt.

Vier Tage vor dem Heiligen Abend erhielt ich eine schmerzliche Absage. Ich hatte mich für die Stelle als Redaktor bei einer Verbandszeitschrift beworben. Es war die einzige Bewerbung, die ich mit Herzblut geschrieben hatte. Eine Halbtagesstelle wäre es gewesen, die Arbeit hätte ich von zu Hause aus erledigen können. Eine ideale Beschäftigung also auf dem Weg zurück in den Arbeitsprozess. Bis zum Schluss lag ich gut im Rennen. Aber schliesslich wurde mir ein anderer Bewerber vorgezogen. Leider. Immerhin wurde mir der Entscheid telefonisch mitgeteilt und begründet. So konnte ich ihn akzeptieren. Aber würde ich auch damit umgehen können?

Den Weihnachtsfeiern mit den Verwandten schaute ich ohne Vorfreude entgegen. Ich hätte die besinnlichen Stunden lieber im Stillen verbracht. Ganz für mich allein, abseits des Rummels. Übernachtet hätte ich in einem abgelegenen Hotel. Ich hätte gefeiert ohne Geschenke, ohne Braten, ohne Gespräche und vor allem ohne Erklärungen. Denn ich kannte die vielen Fragen bereits, die auf mich niederprasseln würden. Je nach Wissensstand. «Wie geht es dir?» – «Arbeitest du wieder?» – «Wie gefällt dir dein Job?» Und ich würde darauf antworten: «Es geht so.» Denn die Wahrheit würde nur weitere Erklärungen nach sich ziehen. Und so weiter. Ich hatte mir vorgenommen zu schweigen.

Das habe ich dann doch nicht gemacht, nicht machen müssen. Es brauchte keine langen Erläuterungen, weil keine Fragen gestellt wurden. Die meisten kannten meine Lage, schwiegen aber. Wohl auch aus Unsicherheit. Das bildete ich mir zumindest ein. Für mich war mein Problem nämlich das wichtigste der Welt. Für andere eher nicht. Vielleicht machte ich auf andere auch einen gesunden Eindruck. Ich war nämlich nicht immer niedergeschlagen, sondern es gab Momente, in denen ich ziemlich aufgedreht war. Und dann gefiel ich mir in der Rolle des Zynikers. Ich verschanzte mich mit hämischen und gemeinen Bemerkungen hinter einer Fassade. Hätte jemand daran gekratzt, wäre ein trauriger und nachdenklicher Mensch zum Vorschein gekommen.

Die Freistellung

Am 22. Dezember, kurz vor Mittag, klingelte es an der Haustür. Der «Blick»-Chefredaktor, der nur einige Hundert Meter von mir entfernt wohnt, stand mit einer Flasche «Chlöpfmoscht» am Eingang. Ich solle sie zusammen mit meiner Frau trinken und auf ein besseres Jahr anstossen, sagte er mir. Ich habe ihm einen Kaffee serviert. Wir haben eine halbe Stunde miteinander geredet. Er hat mir aufmerksam zugehört. Ich habe ihn gefragt, ob es eine Möglichkeit gebe, dass mich das Unternehmen bis zum Vertragsende freistellen würde. Diese Frage kam unvorbereitet. Als ich ihm gegenübersass, habe ich diesen Satz spontan gesagt. Er machte mir Hoffnungen. Und ich war ein bisschen erleichtert, Ballast abgeworfen zu haben. Doch ich wusste auch, dass eine Freistellung etwas Endgültiges war, das nicht mehr rückgängig gemacht werden konnte. Doch ich wollte den Weg einschlagen, den ich für richtig hielt.

Ich musste nun meine berufliche Laufbahn neu aufgleisen. Und ich malte mir die Zukunft bereits wieder in hellen Farben aus. Ich würde eine Teilzeitstelle suchen und nebenbei als freier Journalist arbeiten. Jetzt würde es mit mir bestimmt wieder aufwärts gehen. Davon war ich überzeugt. Aber diese Überlegungen waren nicht zu Ende gedacht. Das Finanzielle hatte ich ausgeblendet. Weihnachten ist die Zeit für Wünsche.

Mein direkter Vorgesetzter meldete sich. Der Chefredaktor hatte mit ihm über meine Freistellung geredet. Auch er teilte mir sein Bedauern mit. Es sei schade, dass ich es nicht schaffe, wieder als Blattmacher zu arbeiten. Ich fühlte, dass seine Betroffenheit echt war. Wir kannten uns nämlich von früher her. Wir hatten während einiger Jahren bei der gleichen Zeitung gearbeitet. Ich kenne seine Qualitäten, er kennt meine. Als er zum Sportchef in Zürich bestellt wurde, wollte er ein Führungsteam aufbauen. Ich sollte dazugehören. Ich sollte dem Blatt meinen Stempel aufdrücken. Ich bin gescheitert. Wie ein Bergsteiger, der kurz unter dem Gipfel wegen einer Verletzung umkehren muss. Diese Situation zu akzeptieren, ist schwierig.

Was wäre passiert, hätte ich den eingeschlagenen Weg nicht verlassen? Wäre es zu einem noch schlimmeren Absturz gekommen? Eine hypothetische Frage. Aber eine Frage, die mich während meiner Krankheit häufig beschäftigte. Habe ich mich falsch verhalten? Hätte ich mich gleich für einige Wochen in eine Klinik einweisen lassen sollen? Wäre ich dann schneller auf die Beine gekommen? Würde ich jetzt wieder als Blattmacher arbeiten? Würde ich die Hektik und die langen Arbeitstage bereits wieder verkraften? Es bringt nichts, im

Nachhinein nach Antworten zu suchen. Es finden sich keine. Nur etwas ist mir klar geworden: Mit einer zweimonatigen Auszeit vor dem «Blick»-Abenteuer wäre ich wahrscheinlich nicht in dieses Loch geraten.

Der Brief an die «Blick»-Redaktion

In der Altjahrswoche reiste ich nochmals nach Zürich. Ich übergab dem Vorgesetzten meinen Badge sowie mein Handy, das mir die Firma zur Verfügung gestellt hatte. Nun gehörte ich nicht mehr dazu. Dann sass ich noch jener Personalverantwortlichen gegenüber, deren Telefonat mir Tage zuvor ziemlich schräg eingefahren war. Die Freistellung wurde besprochen. Danach sollte es für beide Seiten ein klärendes Gespräch werden. Sie habe mir nur helfen wollen. Der Besuch beim Psychologen hätte vielleicht nützlich sein können. Ich schlürfte den Kaffee und hörte dem aufmerksam zu, was sie zu sagen hatte. Ich sagte nur, dass einige Abschnitte meines Briefes wohl sehr emotional abgefasst gewesen seien. Sie zeigte Verständnis für meine Haltung, ich zeigte Verständnis für ihre Haltung. Sie musste die Interessen ihres Arbeitgebers vertreten, ich die meinigen. Ich war nicht wütend auf die Frau.

Meinen Kollegen auf der Redaktion schrieb ich einen offenen Brief. Darin versuchte ich zu erklären, was ein Burn-out auslöst. Wie man sich fühlt. Was man empfindet. Ein Redaktor hat mich tags darauf angerufen. Der Brief habe ihn sehr betroffen gemacht. Wir haben dann noch einige Minuten miteinander geplaudert. Er hat mir viel Kraft gewünscht auf dem weiteren Weg. Diese Anteilnahme hat mir gut getan. Dann habe ich noch zwei SMS bekommen. Und eine ehemalige Arbeitskollegin hat mir eine besonders hübsche Karte geschickt. Sie zeigt eine Vogelfeder. Irgendwie symbolisch für meine vagen Hoffnungen. Ob ich das Leben wieder so leicht und unbeschwert wie einst würde geniessen können?

Schritt für Schritt

Ich habe einen Teilzeitjob gefunden. Und zwar wieder beim «Solothurner Tagblatt». Ich arbeite als Redaktor und im Sekretariat. Letzteres ist für mich eine neue Erfahrung. Ich sehe das auch nicht als einen beruflichen Abstieg. Ich befinde mich jetzt einfach wieder im ersten Basislager, am Fusse des Bergs. Aber ich werde irgendwann wieder die Möglichkeit bekommen, zum Gipfelsturm aufzubrechen.

Die Beschäftigungen geben mir die Gewissheit, noch gebraucht zu werden. Und dieses Gefühl ist mir, im Moment jedenfalls, viel wichtiger als ein grösserer Zahltag. Auch meine Arbeit als Texter ist gefragt. Ich habe schon kleinere Aufträge erhalten. Mal schauen, wie lange der Aufstieg zum Gipfel dauern wird.

Körperlich geht es mir immer besser. Seit einigen Wochen treibe ich regelmässig Sport. Jeden zweiten Tag bewege ich mich eine halbe Stunde im Wald. Ob es regnet, schneit oder stürmt. Die Bewegung an der frischen Luft tut mir gut. Ich habe wieder genügend Puste, um das Laufen sogar geniessen zu können. Das will ich jetzt unbedingt die nächsten Monate durchziehen. Die Lauftage sind in meiner Agenda fett eingetragen. Sie sind mir so wichtig geworden wie Geschäftstermine. Und dabei habe ich nicht einmal ein schlechtes Gewissen. Es ist die beste Entscheidung, die ich seit langem getroffen habe.

Auch den Schlaf habe ich nach Monaten wieder gefunden. Zwar erwache ich noch immer regelmässig ein- oder zweimal, aber am morgen fühle ich mich ausgeruht. Mein Körper und mein Geist haben sich erholt.

Aber ich werde irgendwann die Möglichkeit bekommen, zum Gipfelsturm aufzubrechen.

2. KAPITEL

Daniel Zanetti

Was Unternehmer lernen können

Wenn ich es mir genau überlege, dann ist meine Firma prädestiniert für einen Burn-out-Fall. Bei uns arbeiten vorwiegend junge, sehr engagierte Menschen, die alle den Fokus auf ihren Beruf gerichtet haben.

Der Gesundheitscheck

Im Radio lief: «Baby you can light my fire ...» Doch in mir selbst brannte nichts mehr. Nicht für mich und nicht für andere.

Ich doch nicht!

Chief Motivation Officer. Das war mein Titel in meiner eigenen Firma. Und in der Tat, ich wurde von vielen Menschen als ein solcher gesehen. Von meinen Kunden, von meinen Mitarbeitern, mitunter auch von meiner Familie. Ich spürte schon immer, dass ich diese positive Energie in mir hatte. Nur jetzt, jetzt habe ich sie nicht mehr.

Jetzt, das ist der 15. Juli 2004. Neun Jahre leidenschaftlicher Firmenauf- und -ausbau haben Spuren hinterlassen. NeumannZanetti & Partner ist der absolute Durchbruch gelungen. Als Mystery Check- und Schulungsfirma hatten wir an diesem 15. Juli 500 Kunden in 14 Ländern. Jörg Neumann, mein Geschäftspartner, und ich haben uns Mitte 2003 entschlossen, eine Auszeit zu nehmen. Ohne dass wir damals wussten, wie nötig wir diese Auszeit wirklich haben würden.

Und hier sitze ich nun bei meinem Arzt zum kompletten Gesundheitscheck. Etwas, was ich mir für dann aufhob, «wenn ich mal Zeit habe». Und jetzt habe ich ja Zeit. Volle drei Monate.

Die Diagnose

«Sehen Sie, die Sache ist einfach ...» beginnt mein Arzt das Gespräch, als ihm alle Untersuchungsergebnisse vorliegen. «Es gibt etwa 20 Symptome für ein Burn-out, Sie haben 21.» Was er mir gerade humorvoll vermittelte, war nichts anderes als das Krankheitsbild CFS. Chronic Fatigue Syndrom. Oder zu Neudeutsch: Burn-out.

«Fatigue heisst Müdigkeit ...», antwortete ich. «Und was immer der Rest bedeutet, mit dieser Diagnose haben Sie einen Volltreffer gelandet. Ich könnte auf der Stelle einen Monat lang schlafen und wäre noch immer müde ...», fuhr ich fort.

Im weiteren Verlauf unseres Gesprächs wurde mir dann die Tragweite der Diagnose klar. «Ich muss Sie für mindestens drei Wochen krankschreiben. 100 Prozent.» Seine Worte tönten wie der letzte Plädoyersatz eines Anklägers, bevor sich die Geschworenen zur Beurteilung aus dem Gerichtsaal zurückziehen.

Ich kannte bis anhin nur die anderen 100 Prozent. 100 Prozent Vollgas.

Ich hatte Glück im Unglück, denn die Diagnose fand am ersten Tag meiner dreimonatigen Auszeit statt. Ich habe mich quasi in eine Auszeit gerettet. Glück gehabt. Denn wenn die Diagnose Burn-out dann gefällt wird, wenn man sich eigentlich die Zeit für die Erholung nicht nehmen kann, ist das schlimm. Dann heisst es improvisieren, und das auf Kosten seines Umfelds.

Gute Absichten

Ich hatte für diese drei Monate quasi keine Pläne. Ich wollte die Zeit mit Beatrice, Noah und Bianca verbringen. Meiner Familie. Gesund essen, langsam leben. Dem Gras beim Wachsen zuschauen. Im Garten liegen. Nichts tun. Kinder hüten. Kein Handy, keine Agenda. Viel Wasser trinken und Gitarre spielen.

Wann, wenn nicht jetzt, kann ich gute Absichten in Taten umwandeln? In den folgenden Wochen rief ich nur sporadisch im Geschäft an. Wann immer ich anrief hiess es: «Alles in Butter!» Oder: «Wir machen tolle Umsätze.» Oder: «Was soll schon sein?» Dass ich als einer von zwei Chefs abwesend sein kann und der Laden trotzdem läuft, das wusste ich schon vorher. Wir haben einfach das genialste Team auf Erden, und das hat es mir sicher auch ermöglicht, mich entsprechend zu erholen.

Der Blick in den Rückspiegel

Der Begriff «Burn-out» ist ja nur das Wort am Ende einer langen Kette. Und so suchte ich nach den Ursachen, die dazu führten, dass es so weit gekommen ist. Ich wollte damit zwei Dinge erreichen:

• Nie mehr in ein weiteres Burn-out schlittern und mir selbst beweisen, dass ich in diesem Punkt lernfähig bin.

• Meine Erfahrung als Führungskraft anderen weitergeben. Wenn ich nur einen einzigen Mitarbeiter, der in Zukunft noch mit mir zusammenarbeitet, vor einem Burn-out retten kann, dann ist das doch sinnvoll.

Wenn ich es mir genau überlege, dann ist meine Firma prädestiniert für einen Burn-out-Fall. Bei uns arbeiten vorwiegend junge, sehr engagierte Menschen, die alle den Fokus auf ihren Beruf gerichtet haben.

Also, wie kam es so weit?

Grundsätzlich muss ich rückblickend erkennen, dass ich vieles spürte, es jedoch verdrängte. Wir Manager sind ja Weltmeister im Verdrängen. Was ich nun an Symptomen aufliste, könnte «unrealistisch» klingen. Doch wenn man beruflich derart stark belastet ist, versieht man alles, was nicht unmittelbar mit dem Kunden zu tun hat, mit der Priorität B. Vor allem alles, was einen selbst betrifft. Genau deshalb gewinnen ja viele Manager im Beruf, verlieren aber im Privatleben. Sie setzen nur auf eine Karte. Heute weiss auch ich, dass die wahre Leistung darin besteht, Beziehung, Beruf und Gesundheit einigermassen in Einklang zu halten.

In den letzten acht Monaten vor der Diagnose litt ich an einem konstanten Erschöpfungszustand. Ich fühlte mich immer müde. Ich schlafe selten mehr als sechs Stunden und bin normalerweise trotzdem nicht übermässig müde. Doch diese Müdigkeit war anders. Sie war auch dann noch da, wenn ich zehn Stunden geschlafen hatte. Ich kam morgens einfach nie auf Touren und abends konnte ich nicht mehr einschlafen. Manchmal lag ich im Bett, starrte an die Decke und ertappte mich dabei, dass ich an nichts dachte. An rein gar nichts. «Woran denkst du?», fragte mich meine Freundin oft. «An nichts, an rein gar nichts. Nicht an dich, nicht ans Geschäft. Einfach an nichts.» Und ab und zu überkam mich bei solchen Situationen eine Depression. Ich bemitleidete mich und wusste nicht, wofür. Mir liefen Tränen übers Gesicht, und ich wusste nicht weshalb.

Mit dieser Müdigkeit paarte sich noch eine Lustlosigkeit. Ich und lustlos!? Doch ich war kaum mehr in der Lage, Sport zu treiben oder einer vernünftigen Freizeitbeschäftigung nachzugehen. Meinen Hintern auf ein Mountainbike zu schwingen, kostete mich unglaublich viel Überwindung.

Ich nahm von meinen 75 Kilo in den letzten Monaten 5 Kilo ab.

Ich litt an konstanten Muskel- und Gelenkschmerzen, die mir das Gefühl gaben, ich hätte eine Grippe. Aus der Angst heraus, ich könnte mich tatsächlich erkälten, was bei der geschäftlichen Belastung fatale Folgen gehabt hätte, lief ich selbst bei frühsommerlichen Temperaturen noch mit einem Schal in der Gegend herum. Ich schwitzte oder mir war kalt. Wohl war mir nie.

Kopfschmerzen hatte ich früher selten. Nun andauernd. Nicht sehr starke, aber dafür konstant. Magen-Darm-Krämpfe hatte ich ab und zu. Vor allem aber litt ich an Appetitlosigkeit. Selbst nach einem Tag Hochleistung und nichts zu essen hatte ich noch immer keinen Hunger. Ich esse berufshalber drei- bis viermal pro Woche in Restaurants. Wenn ein Kellner nur schon mit der Speisekarte unter dem Arm auftauchte, wurde mir schlecht. Einmal musste ich sofort vom Tisch aufstehen und mich in der Toilette übergeben.

In den letzten zwei Monaten meiner «Verdrängungszeit» kamen noch zwei etwas spezielle Symptome hinzu: Ich litt an einer Gesichtsfeldeinschränkung, die sich darin äusserte, dass ich den Alltag wie durch einen Tunnel wahrnahm. Ich sah nur noch das Zentrum, nicht aber das Drumherum. Was jedoch noch viel schlimmer war: Meine Vergesslichkeit, die schon dramatische Züge annahm. Ich vergass Aufgaben, Namen, Gesichter, Termine und vieles mehr in immer schneller werdenden Abständen. Ein Wunder, dass ich nicht noch meine Auszeit verpasste …

Einen Monat später …

… war ich wieder das, was man «fit» nennt. Es dauerte bei mir einen Monat, mich so weit zu erholen, dass ich wieder das Gefühl hatte, ich selbst zu sein, und sich wieder eine unbändige Lust in mir entwickelte, die Welt zu erobern. Ich wollte nichts sehnlicher als wieder meine Kollegen im Geschäft unterstützen. Meinen Geschäftspartner entlasten. Neue Projekte initiieren, Kunden glücklich machen und tausend Dinge mehr.

Doch ich wusste, dass mich genau diese Energie wieder dahin bringen würde, wo ich nun herkam. Deshalb musste ich versuchen, meinen Lebensplan etwas positiv zu beeinflussen.

• Ich höre auf meinen Körper. Die vorgängig aufgelisteten Symptome nehme ich ernst und verdränge sie nicht. Ich habe nicht nur ein Frühwarnsystem, ich nutze es auch!

• In meiner Agenda sind gezielt und konsequent Erholungsoasen eingeplant. Kinder, Familie, Sport, Ausgang wurden zu unumstösslichen Einträgen in meinem Terminkalender.

• Ein jährlicher, umfassender Gesundheitscheck ist ebenfalls terminiert. Mir ist bewusst, dass ich bei dem Arbeitspensum mit meinem Körper «Spitzensport» betreibe.

• Ich nutze bei den vielen geschäftlichen Hotelübernachtungen immer auch den Fitnessraum und gönne mir ab und zu eine Massage.

Den wohl wichtigsten Punkt haben Jörg Neumann, mein Geschäftspartner, und ich gemeinsam festgelegt:

Als Erkenntnis aus unserer Auszeit haben wir in unserer Firma folgende Klausel in alle Mitarbeiterverträge aufgenommen:

«Wer volle vier Jahre in unserer Firma arbeitet, hat Anrecht auf zusätzliche 30 bezahlte Urlaubstage. Diese müssen allerdings am Stück genommen und zum Zweck der Erholung verwendet werden.»

Das kostet uns eine Stange Geld und beschert uns einen nicht unerheblichen organisatorischen Mehraufwand. Doch wir haben uns folgende Frage gestellt:

«Was ist, wenn wir es nicht tun?»

Nebst dem Umstand, dass wir heute bei allen Mitarbeitenden konsequent auf ihre Arbeitsweise und ihre Arbeitspensen achten (und diese wenn nötig beeinflussen!), ist die Mitarbeiterauszeit ein Beitrag an die Burnout-Prävention. Schliesslich wollen wir leuchtende und nicht ausgebrannte Mitarbeiter.

Ein Blick durch die Frontscheibe

Wir verbringen den grössten Teil unserer Wachzeit bei der Arbeit. In den noch verbleibenden vier bis fünf Stunden fehlt vielen arbeitstätigen Menschen die Motivation, Dinge zu erledigen, auf die sie keine Lust oder für die sie keine Begabung haben. Genau die Dinge sind es nämlich, die im Anschluss an einen stressigen Tag das Fass zum Überlaufen bringen.

Fragen Sie in Ihrem Unternehmen nach, wer bei sich zu Hause bereits eine Putzfrau beschäftigt. Sie werden feststellen, dass diese Dienstleistung bereits von 25-jährigen Frauen und Männer in Anspruch genommen wird, die allein in einer Dreizimmerwohnung leben. Was früher den oberen Zehntausend vorbehalten war, gönnen sich nun auch viele gut verdienende Youngsters. Das Gleiche gilt für Gartenarbeiten, Autowaschen, Kinderhüten und, und, und.

Sie verdienen gut, wohnen in einer tollen Wohnung, haben zwei Kinder, einen Hund und einen kleinen Garten. Was Sie nicht mögen, ist:

- Wohnungreinigen
- Bettenmachen
- Einkaufen
- Rasenmähen
- Hemdenbügeln
- Kleiderwaschen
- Kochen
- Autowaschen
- Reparaturarbeiten

Wer volle vier Jahre in unserer Firma arbeitet, hat Anrecht auf zusätzliche 30 bezahlte Urlaubstage.

Fakt ist zudem: Die Hemden geben Sie heute schon auswärts zum Bügeln und die Wohnung wird ebenfalls bereits von einer Putzfrau gereinigt. Sie haben es allerdings satt, schon zum dritten Mal eine Putzfrau zu suchen.

Frage: Wie viel wären Sie bereit, Ihrem Butler (natürlich hiesse sie oder er nicht so!) zu bezahlen, wenn Sie alle diese Dienstleistungen von einer einzigen Person erhalten würden, die darüber hinaus noch gut kochen kann? Die Ihnen auf Wunsch jeweils an einem Tag Ihrer Wahl ein Menü zu Hause kocht und ein intelligenter Gesprächspartner ist, Reisen bucht, Kinokarten besorgt?

2000 Franken pro Monat. Mehr?

Sie denken, das sei alles nicht machbar? Ich sage: «Abwarten!»

Sie fragen sich: «Was soll ich noch tun, wenn mein Butler alles tut?»

Ich sage: «Leben!»

Vielleicht ist das nur eine Gedankenspielerei. Vielleicht aber auch mehr. Ich habe mich auf jeden Fall in meiner Firma schon einmal umgehört und dabei festgestellt, dass viele unserer Mitarbeitenden nur allzu gern gewisse private Arbeiten abgeben würden. Das wiederum hat mich dazu gebracht, über einen Butler nachzudenken, den die Firma beschäftigt und den sie den Mitarbeitenden zur Stressbefreiung im Privatbereich zur Verfügung stellt. Gar keine schlechte Investition, oder?

Ein leuchtender Daniel Zanetti, im April 2005.

Daniel Zanetti (1965) ist Geschäftsführer von NeumannZanetti & Partner und Autor der Bestseller «Kundenverblüffung» und «1001 Tipps zur Mitarbeitermotivation». Er ist spezialisiert auf die Fachgebiete Mystery Checks, Mitarbeiterführung, Motivation, Kundenverblüffung und Empowerment. Er ist zudem Verfasser zahlreicher Presseberichte, regelmässiger Talk-Gast bei diversen Radiosendungen und Autor des «The Weekly Empowerment-Newsletter» (12 000 Abonnenten). Soeben ist sein erstes Hörbuch, «The Best of Weekly Empowerment», erschienen. *www.nzp.ch*

3. KAPITEL

Andreas Lüthi

Das Burn-out-Syndrom aus der Sicht des Psychosomatikers

Es gibt nichts, was plötzlich passiert. Alles hat seine Ursache. Oft vergessen wir, dass wir für diese Ursache selber verantwortlich sind. Durch die Wirkung aber werden wir wieder daran erinnert.

Das Interview

Ein Gespräch mit dem Psychosomatiker Andreas Lüthi. Er gibt Antworten auf jene Fragen, die ihm häufig gestellt werden. Entstanden ist ein Dialog über das einfache und geniale Leben.

Der Fragesteller: *Das Burn-out-Syndrom ist eine Herausforderung für einen Psychosomatiker?*

Andreas Lüthi: Ja, eine interessante Aufgabe.

Warum beschäftigt sich ein Psychosomatiker mit diesem Thema?

Für viele Menschen ist der Begriff «Psychosomatik» etwas Fremdes.

Oft wird der Begriff verwechselt und man meint, dass Menschen, die ein psychosomatisches Problem haben, psychisch krank sind oder eine «Meise haben». Schade, dass hier nicht mehr Aufklärung betrieben wird.

Nutzen wir die Gelegenheit: Was bedeutet Psychosomatik wirklich?

Unsere Erde ist eine Schule, ein Lehrplanet. Immer wieder bekommen wir Menschen Botschaften. Sei es durch Unfälle, Krankheiten oder Schicksalsschläge. Die Psychosomatik klärt uns darüber auf, was diese Botschaften bedeuten. Auch das Burn-out-Syndrom ist eine solche klare Botschaft.

Sie meinen, dass wir Menschen selber schuld sind, wenn wir eine Krankheit bekommen?

Von Schuld kann keine Rede sein. So werden heute wichtige Tatsachen verdreht und falsch verstanden. Unser Leben unterliegt dem Kausalitätsprinzip von Ursache und Wirkung. Es gibt nichts, was plötzlich passiert. Alles hat seine Ursache. Oft vergessen wir, dass wir für diese Ursache selbst verantwortlich sind. Durch die Wirkung aber werden wir wieder daran erinnert.

Sie sprechen hier von einer Sprache, die nirgendwo gelehrt wird.

Ja, leider! Es gibt nur wenige Lebensschulen, die dieses wunderbare Thema unterrichten.

Haben Sie Beispiele?

Ja, es gibt verschiedene Sprachen.

Und je mehr wir uns mit diesen auseinander setzen, umso interessanter wird unser Leben. Das, was wir Leben nennen, ist einfach und gut verständlich. Es braucht eine Gebrauchsanweisung dazu. Jeder Mensch bekommt diese als Geburtsrecht mit – jedoch sind die meisten zu faul, sie zu finden.

Hier die wichtigen Sprachen:

- Die Sprache der Organe
- Die Sprache der Symptome
- Die Sprache der Krankheiten
- Die Sprache des Schicksals
- Die Sprache der Zufälle
- Die Sprache der Psychosomatik
- Die Körpersprache
- Die Physiognomie

Ich staune …

Ich wiederhole es gerne.

Unser Leben ist einfach und genial. Der Mensch ist ein faszinierendes Wesen. Nur: Wer beschäftigt sich intensiv mit dem Wesen Mensch?

Die meisten bleiben an der Oberfläche kleben.

Betrachten wir den Menschen mal aus der Sicht der Schöpfung. Unsere Organe sind an folgenden Stellen an unserem Körper als Spiegel sichtbar: Auf der Zunge, in den Ohren, an den Händen, den Füssen, in den Augen und auch am ganzen Kopf. Und das soll alles durch einen Urknall entstanden sein? Welch «kleinhirniges» Denken!

Hätten wir mehr Menschen in der Wissenschaft, der Politik, der Medizin, die sich mit dem wahren Leben auseinander setzen, wir könnten viele Milliarden Franken bei den Krankheitskosten einsparen. Auch die 700 000 Schmerzpatienten in der Schweiz würden lernen, warum sie Schmerzen als Botschaft bekommen haben.

Krankheitskosten?!

Es gibt Menschen in der Schweiz, die bezeichnen die Krankheitskosten als Gesundheitskosten. Dieses Wort lässt sich besser verkaufen – aber es widerspricht den Tatsachen.

Dieser Begriff lässt aufhorchen – Manipulation pur!

Wir sprechen auch von Krankenhäusern, Krankenkassen, Krankenschwestern oder Krankenautos. Also sind diese gigantischen Kosten tatsächlich Krankheitskosten.

Ihre Einstellung ist provokativ. Wie verstehen Sie unser Leben als Psychosomatiker?

Oft vergessen wir, dass wir die Ursache selber zu verantworten haben.

Jeder Mensch auf diesem Planeten Erde hat seinen vorbestimmten Lebensplan. Dieser kann mit einer Bahn verglichen werden. Bestimmte Stationen werden von Anbeginn festgelegt.

Die Bahn hat einen Anfang (Geburt) und eine Endstation (Tod). Der dazwischen liegende Teil untersteht den geistigen Gesetzen. Vor allem dem Kausalitätsprinzip von Ursache und Wirkung.

Leben wir unser Leben richtig, nach unserer Vorgabe oder nach unserem Plan? Werden wir selten krank oder bleiben wir verschont von grösseren Problemen? Verlassen wir aber unsere Wegstrecke und fahren in eine falsche Richtung, werden wir zuerst sanft, später sehr schmerzhaft an unseren Lebensplan erinnert.

Um dieses System zu verstehen, gibt es für uns zwei Möglichkeiten:

- Sofort zurück auf unseren Lebensweg

- Weiter in die falsche Richtung

Wenn wir die Situation in der Schweiz betrachten, sind zirka 80 Prozent der Menschen auf dem falschen Weg. Die Statistiken zeigen: Rund 2,7 Millionen Menschen sind hierzulande in irgendeiner Form süchtig.

So einfach wäre der Lebensplan zu verstehen.

Nicht wäre, sondern ist.

Kehren wir auf unseren vorbestimmten Weg zurück, ist das die weise Entscheidung. Eine klare, positive Korrektur.

Bleiben wir auf der Strecke, die ins Nimmerland führt, kriegen wir die Botschaft doppelt oder dreifach serviert.

Heisst das, dass Symptome oder Krankheiten die Folgen des Nichtverstehens sind?

Ja, so genial ist unser Leben eingerichtet. Psychosomatik bedeutet also: eine Disharmonie zwischen Körper, Geist und Seele. Erleben wir in unserem Innern Konflikte, Probleme, Streit, Hass, Missgunst, Falschheit und Sorgen, wird unser Körper als «Leinwand» benutzt. Unser Körper zeigt uns, wo wir klar von unserer Lebensbahn abgekommen sind.

Das tönt interessant. Aber was heisst «Psychosomatik» übersetzt?

«Psyche» (aus dem Griechischen) meint die Seele, und «Soma» meint den Körper.

Der Körper kann von sich aus nie krank werden, er dient als Projektionsfläche der Disharmonie in unserem Innern.

Wir werden keine Erfolge erzielen, sei es in der Wissenschaft oder der Medizin, wenn wir uns weiterhin in der Materie verstricken. Denn die wirkliche Welt ist von geistiger Natur, sie wird durch den Körper sichtbar, damit wir sie besser verstehen können.

Der klare und auch wahre Weg für uns alle heisst: den Menschen als Ganzes zu erkennen und auch zu erforschen.

Sie wollen damit sagen, dass viele Therapien und auch manches Medikament falsch sind und den Menschen nicht zum Heil führen?

Die vergangenen Jahre haben deutliche Spuren hinterlassen. Das gigantische Suchtverhalten der Weltbevölkerung zeigt schmerzhaft die Bestätigung meiner Aussagen. An jedem zwanzigsten Arbeitsplatz arbeitet eine Alkoholikerin oder ein Alkoholiker. Dieser Tatsache müssen wir ins Auge sehen. Viele Menschen sind krank! Sie sind süchtig. Sucht aber heisst «suchen» – Sucht heisst auch «Sehnsucht». Stellen Sie sich selber die Frage: Sehnsucht wonach?

Wir sprechen über das Thema Burn-out. Psychosomatik – ja oder nein?

Ja – klar und deutlich! Sie fragen sich bestimmt: Warum diese lange und ausführliche Einführung? Die Antwort ist einfach. Wir können nun über klare Fakten sprechen und ohne grosse Erklärungen direkt zum Thema kommen.

Das Burn-out-Syndrom ist ein Erschöpfungszustand.

Vorweg etwas sehr Wichtiges!

Jeder Mensch hat seine eigene Einstellung zum Leben, zu sich selbst, und vor allem aber auch zu seiner Umwelt. Ich möchte heute davon sprechen, dass auch das Burn-out-Syndrom eine mögliche Folge oder Wirkung einer falschen Einstellung zu sich selbst, zu seiner Tätigkeit oder auch zu Mitmenschen im eigenen Umfeld ist.

Das Thema Burn-out ist im Moment in Mode. Manager, Chefs und auch Kleinunternehmer sind angesprochen.

Es ist bequem, sofort Schuldige zu suchen für Probleme, die schon seit vielen Jahren bestehen. Wir müssen vorsichtig sein, wenn wir verurteilen. Ja, ich gebe zu, dass in der Personalpolitik elementare Fehler passiert sind. Ich erlebe oft in meiner Praxis, was unfähige «Menschenführer» für ein Desaster anrichten können. 43 Prozent aller Mitarbeiterinnen und Mitarbeiter in der Schweiz haben innerlich gekündigt. Der Grund liegt wieder darin, dass man nicht verstehen will, was es heisst, mit Menschen zusammenzuarbeiten. 54 Prozent aller Mitarbeiter leiden unter mangelnder Anerkennung. Auch das Burn-out-Syndrom hat hier seine Wurzeln.

Es ist schade, dass nun der Unternehmer als Sündenbock den Kopf hinhalten muss. Es ist typisch, wenn die Medien und auch viele Fachleute den Unternehmer für das Burn-out-Syndrom verantwortlich machen. Auch hier zeigt sich wieder der Wahnsinn, dass der Mensch nur aus der Sicht der Materie betrachtet wird.

Was passiert Ihrer Ansicht nach, wenn die Diagnose Burn-out gestellt wird?

Viele Menschen haben die Verantwortung für ihr Leben an andere übergeben. Oder bei vielen wird die Verantwortung für das eigene Leben von andern übernommen, und sie lassen das noch zu!

Viele Menschen haben eine Idealvorstellung vom eigenen Leben. Die meisten beschäftigen sich aber nur am Rande mit diesem Thema.

Burn-out ist ein Warnzeichen, die rote Warnlampe im Auto, dass die betreffende Person von ihrer Idealvorstellung abweicht. Sie hat den eigenen Lebensweg verlassen. Oft passiert das nicht nur in einer einzigen Lebenslage, sondern da treffen plötzlich sehr viele Faktoren zusammen. Sei es in der Arbeit, in der Ehe, in der Kindererziehung oder auch in der Sexualität.

Wenn man erkennt, dass die Ideallinie nicht mehr eingehalten werden kann, gibt man innerlich auf, man kapituliert.

Ein Gefühl der inneren Leere, der totalen Erschöpfung, der Kraftlosigkeit und der Energielosigkeit. Für die meisten ein Zustand, den sie noch nie so deutlich erlebt haben. Angst und eine unerklärbare Erschöpfung schleichen sich in die Gedanken dieser Menschen.

Eine unerklärbare Erschöpfung?

Ja, ein Burn-out ist auch eine Art Flucht. Die Flucht vor der idealen Welt, die man sich im Innern vorgaukelt. Der Betroffene sollte sich nun sofort die Frage stellen: Flucht wovor oder Flucht vor wem? Es ist eine wunderbare «Ausrede», um sich plötzlich nicht mehr mit sich selber intensiv auseinander setzen zu müssen. Und da würde ich in Zukunft alle Betroffenen sehr eindringlich darum bitten, nicht alles zu glauben, was über Burn-out geredet und geschrieben wird. Ärzten oder Psychologen soll man nicht blind vertrauen.

Auch wenn die innere Stimme plötzlich lauter wird und dem Klienten weismachen will: «Du bist ja so erschöpft, ein so armer Kerl. Das alles hat doch keinen Sinn, gib doch lieber auf, die andern helfen dann schon.»

Hier ist eine neue Denkweise angesagt.

Das Hauptthema lautet: Sei endlich ehrlich zu dir selber. Das, was du seit Monaten verschwiegen hast, das,

Hatten Sie in den vergangenen 12 Monaten Ihr Leben klar unter Kontrolle?

was du dich nicht zu sagen getraut hast– sage es klar und deutlich. Die Flucht ist vorbei. Du kannst den neuen Weg finden. Und dieser ist weder in Medikamenten noch in sehr langen Therapien zu finden, sondern die Lösung liegt klar und deutlich in dir drin.

Du bist ein Mensch, der sich entschlossen hat, hier auf diesen Planeten zu kommen. Also nimm deinen ganzen Mut zusammen und sprich endlich!

Oh, so was habe ich noch nicht gehört. Sie fassen Ihre Klienten nicht mit Samthandschuhen an.

Was wollen wir denn wirklich? Langzeitpatienten züchten, die wieder hohe Krankenkosten verursachen? Oder sind wir nun bereit, die Wahrheit zu sagen?

Die Wahrheit?

Fragen Sie mal Burn-out-Klienten Folgendes:

«Hatten Sie in den vergangenen 12 Monaten Ihr Leben klar unter Kontrolle? Hatten Sie sich Ziele für 6, 12 oder 16 Monate gesetzt? Leben Sie Ihre Berufung, oder arbeiten Sie immer noch, um Geld zu verdienen? Sie haben Talente mit auf diesen Planeten genommen. Setzten Sie diese Talente oder Ihre Begabungen wirklich zum Wohle anderer ein? Oder verfielen Sie in einen Alltagstrott, der Sie weder befriedigt noch glücklich gemacht hat?»

Sie sprechen Klartext. Wer aber schaut das Burn-out-Syndrom von dieser Seite an?

Keiner, weil keiner versteht, wie der Mensch denkt und was die Wirkungen des falschen Denkens auslösen.

Sie behaupten also, dass der Klient sein Burn-out selber verursacht hat?

Ich behaupte gar nichts. Das sind klare Tatsachen. Da sollten unsere Mediziner und auch die vielen Therapeuten mal in Sachen Weiterbildung neue Wege beschreiten. So könnten wir dann auch hier weitere Kosten sparen und unnötige Medikamentenabgaben verhindern.

Medikamente und Burn-out?

Als Psychosomatiker betrachte ich vieles anders – den Menschen als wirkliche Einheit. Unsere Schöpfung hat uns diese geniale Möglichkeit anvertraut. Wir alle können nur aus dieser wunderbaren Erfahrung lernen. Viele weise Menschen aus der Vergangenheit haben uns immer wieder auf diese Botschaften hingewiesen. Früher verfolgte man diese Menschen mit dem Irrglauben, das, was diese erzählen, sei von der dunklen Seite. Dem war und ist nicht so!

Lernen wir doch endlich daraus. Die vielen kranken Körper schreien nach dieser Aufklärung. Oder erklären

Sie mir mal, warum die Hälfte der Schweizer süchtig ist – Sucht heisst Sehnsucht nach der Wirklichkeit.

Was Sie mir erzählen, hat mich aufgewühlt, mich auch nachdenklich gemacht. Vieles weiss ich, einiges aber gibt mir sehr zu denken. Was mich am meisten verblüfft, ist die Einfachheit, mit der Sie diese Probleme angehen.

Die meisten wichtigen Dinge dieser Erde sind absolut einfach. So einfach, dass es Menschen gibt, die sich nicht mehr wohl fühlen dabei. Wenn ich mir vorstelle, dass es Ausbildungen gibt, die versuchen unsere Seele, unser Selbst zu berechnen – ja, da sind wir sehr, sehr tief gesunken. Aber eben, es klingt dafür so gut!

Wenn wir in nächster Zukunft nicht lernen, dass es eine sichtbare und eine unsichtbare Welt gibt; wenn wir nicht begreifen, dass das Unsichtbare, die Materie bestimmt und formt, so werden wir die immensen Kosten, die diese Fehlentwicklung verursacht, nicht mehr in den Griff bekommen. Viele dieser Menschen werden dann noch mehr an dem so genannten Burn-out-Syndrom leiden.

Auch ich muss meine Meinung über die Psychosomatik ändern. Ich hätte nie geglaubt, dass so viel mehr hinter dieser genialen Idee steckt.

Danke herzlich für Ihr Bekenntnis. Sie haben etwas gelernt.

Zum Abschluss unseres Gesprächs möchte ich noch einige Tipps und Ideen an Betroffene weitergeben.

• Nehmen Sie sich mehr Zeit für sich selbst.

• Beginnen Sie, alle Ihre Probleme aufzuschreiben.

• Schreiben Sie dazu, mit wem oder durch wen Sie Probleme bekommen haben.

• Erkennen Sie im Problem die klare Aussage, denn in Ihrem Problem erkennen Sie die direkte Lösung.

• Sind Sie bereit, auch Ihre Schwierigkeiten und Fehlentscheide zu betrachten?

• Wovor haben Sie Angst? Erkennen Sie, dass Angst Sie bremst und Sie unsicher macht.

• Stehen Sie zu sich selbst.

• Stehen Sie zu Ihren Entscheidungen.

• Machen Sie sich keine Gedanken darüber, was andere über Sie denken könnten; weder über Sie selbst noch über die Tätigkeit, die Sie ausüben.

• Sie sind richtig, so wie Sie sind.

Unser Körper zeigt uns, wo wir klar von unserer Lebensbahn abgekommen sind.

• Probleme sind in Zukunft Leitplanken.

• Nur Sie sind fähig, den neuen Weg zu bestimmen und ihn auch zu leben.

• Übertragen Sie Ihre Verantwortung nicht jemand anderem.

• Sie haben den freien Willen.

• Sie tragen als Einziger die Verantwortung für sich selbst.

• Lernen Sie, eine klare Zielsetzung zu erarbeiten.

• Machen Sie nur noch das, was Ihnen wirklich Spass macht und Freude bereitet.

• Lernen Sie, sich an kleinen Dingen zu freuen.

• Vermeiden Sie in der nächsten Zeit jegliches Massenmedienspektakel.

• Kein Krimi, keine Morde, keine «Tagesschau» im Fernsehen.

• Geniessen Sie die Natur, die Berge, den Regen und den Sonnenschein.

Jeder Mensch auf diesem Planeten Erde hat seinen vorbestimmten Lebensplan.

- Sprechen Sie wieder mal mit Menschen, die es gut mit Ihnen meinen.

- Lernen Sie, sich selbst zu lieben.

- Behandeln Sie Ihren Körper gut.

- Bitten Sie Ihren Partner oder Ihre Partnerin um eine wohltuende Massage.

- Geniessen Sie bewusst die Jahreszeit.

- Treiben Sie mässig Sport – nur so viel, wie es Ihnen Spass macht.

- Ernähren Sie sich gut – aber keine aufgezwungenen Diäten.

- Glauben Sie mehr an sich – statt sich mit unnötigen Diagnosen zu ärgern.

- Lachen Sie jeden Tag.

- Machen Sie andere Menschen glücklich.

- Spannen Sie aus, aber niemals vor dem Fernseher.

- Lernen Sie, wieder von ganzem Herzen zu leben.

Hier noch ein wunderbarer Spruch zum Abschluss und zum besseren Verständnis dessen, was Psychosomatik bedeutet:

Die Seele sagt zum Körper:
«Geh du vor, auf mich hört er nicht, vielleicht hört er auf dich.»
Der Körper sagt zur Seele:
«Ich werde krank, dann wird er Zeit für dich haben.»

Andreas Lüthi (1952) beschäftigt sich seit seiner Kindheit mit Geistwissenschaft und Geistlehre. Verschiedene Lebenslehrer im In- und Ausland zeigten ihm seinen Weg. Er lernte, zu seinen Fähigkeiten zu stehen, diese auch zu leben und anzuwenden. Immer mehr wurden das Leben, der Mensch und die geistige Welt zu seiner Berufung. Die faszinierende Art der vielen Botschaften, die Menschen jeden Tag erhalten, gab ihm die Fähigkeit, zu erkennen, wo und wie der Mensch seinen Lebensplan lebt oder ihn verpasst.
Andreas Lüthi ist Autor verschiedener Bücher. In seiner Lebensschule in Oppligen BE bildet er psychologische Lebenstherapeuten aus. Er ist Ursachenforscher und Psychosomatiker. *www.andreas-luethi.com*

4. KAPITEL

Adrian Burki

Das Übertrainingssyndrom: eine Variante des Burn-out bei Sporttreibenden

Häufig sind es zu hohe Erwartungen, falsche Selbsteinschätzungen, Belastungen im sozialen Umfeld, die das energetische Gleichgewicht ins Wanken bringen.

Keine Energie mehr

Bei vollem Wohlbefinden fühlen wir uns sowohl körperlich wie auch geistig voll leistungsfähig. Wir können tun und lassen, was wir wollen. Wir sind begeisterungsfähig, fragen nicht nach Aufwand, sondern eher nach möglichem Ertrag, und packen an, was uns fasziniert. Wir versuchen unser Zeitmanagement etwas zu straffen. Wir haben aber dann Mühe, etwas anderes loszulassen, um trotzdem genügend Freiraum für Erholung zu finden. Oder wir sind unzufrieden, gehen unangenehmen Situationen aus dem Weg, indem wir immer mehr Verpflichtungen eingehen. Dass dies einmal zu viel sein kann, wir uns ausgebrannt fühlen und die Energie auch für Alltägliches nicht mehr ausreicht, kann die mögliche Folge sein.

Häufiger als ein Zuviel an Projekten und Verpflichtungen sind aber Situationen und Erwartungen, denen wir nicht gewachsen sind. Sei es, dass wir unsere Stärken gar nicht einbringen können; sie werden nicht anerkannt oder gar verhindert. Oder sei es, dass wir uns selbst überschätzen. Wir können uns dann noch so bemühen, es wird nie ausreichen, unsere Ziele zu erreichen. Wir werden uns dann auch abends nicht, zufrieden über das Erreichte, abgrenzen können, sondern zusätzlich sogar noch nachts nach Lösungen und neuen Konzepten suchen.

Es ist für den Athleten sehr schwierig, die Schuld eines Übertrainings bei sich selbst zu suchen.

Die Stunden, während deren wir an einem Tag unsere Projekte umzusetzen vermögen, sind für alle Menschen wieder anders. Das mag einerseits von genetischen Gegebenheiten abhängen, andererseits aber auch davon, wie viel Energie wir für eine Arbeit aufbringen müssen.

Eine gewisse Routine erleichtert uns dieses Energiemanagement. Wiederkehrende ähnliche Problemstellungen bewältigen wir besser als immerzu neue Konstellationen, wie sie sich zum Beispiel bei den heute so häufigen Stellenwechseln ergeben. Eine Schulklasse mit sehr unruhigen Jugendlichen zu unterrichten, braucht ein Mehrfaches an Energie, als ein noch so schwieriges Dossier zu studieren, bei dem wir uns zwar sehr konzentrieren müssen, dabei aber nicht gestört werden.

Falsche Selbsteinschätzung

Auch bei meiner langjährigen Tätigkeit als Sportarzt habe ich selten bemerkt, dass ein Zuviel an Training oder Wettkämpfen eine Erschöpfungssituation nach sich ziehen könnte. Häufiger sind es zu hohe Erwartungen, falsche Selbsteinschätzungen, Belastungen im sozialen Umfeld, die das energetische Gleichgewicht ins Wanken bringen. Auch Spitzensportler sind keine Maschinen.

Der Athlet ist verzweifelt, sieht seine Karriere in Gefahr und sucht konkrete Hilfe.

Das Zusammengehen von affektiven[1] und körperlichen Beschwerden ist nicht nur für das Burn-out des Berufstätigen, sondern auch für den Leistungssportler typisch. Auf der affektiven Seite können Niedergeschlagenheit, Aggressivität, Ängste oder verminderte emotionelle Kontrolle auftreten. Häufige körperliche Symptome sind: Erschöpfung, Schlafstörungen, Kopfschmerzen, regelmässige und lang anhaltende Erkältungen, Verdauungsstörungen, hoher Blutdruck oder Pulsrasen. Kognitive[2] Symptome wie Konzentrationsstörung, ein emotionelles Defizit wie Verlust der Motivation oder Veränderungen des Verhaltens, wie etwa Überaktivität oder aber Lethargie, gehören dazu.

Das Übertrainingsyndrom

Das Übertrainingssyndrom stellt für den Sporttreibenden ein einschneidendes Ereignis dar. Es tritt vor allem bei Ausdauerathleten auf und kann nicht mit einer Pathologie[3] erklärt werden. Besser wird diese Situation mit dem Begriff einer Überforderungsreaktion beschrieben, da damit auch der Lebensstil und die psychosozialen Belastungen mit einbezogen sind.

Leistungsverlust

Ein Ausdauerathlet beklagt sich über hohen Ruhe- und Belastungspuls. Er könne keine intensiven Trainings be-

Glossar
[1] affektiv = gefühlsbetont
[2] kognitiv = die Erkenntnis betreffend
[3] Pathologie = allgemeine Lehre von den Krankheiten

streiten. Sein Appetit sei gut, die Ernährung wie üblich ausgewogen und sein Gewicht sei gleich geblieben. Er fühlt sich nach einer Belastung physisch fertig, psychisch scheint er jedoch ausgeglichen.

Spontan versucht er, seinen Leistungsverlust mit mehr Training aufzufangen. Betreuer und Ärzte sind gefordert, die Situation zu klären und trotz mangelnder Beweise den Athleten von seiner Situation zu überzeugen.

Kasuistik [4]

Mit dem Übertraining meinen wir in der Sportmedizin einen Leistungsabfall, der ungewollt eintritt und Wochen bis Monate dauern kann. Dies kann sowohl durch zu intensive und/oder ausgedehnte Trainingsreize wie auch durch mangelnde Erholung passieren. Oft spielen allerdings nicht vom Training abhängige Faktoren die wichtigere Rolle: Stressfaktoren im sozialen Umfeld, falsche Lebensweise mit schlechter Ernährung oder zu wenig Schlaf, unrealistische Zielsetzungen, mangelnde Sorgfalt in der Genesung von Verletzungen oder Krankheiten. Meist ist es so, dass ein hartes Training auf einen endo- oder exogen [5,6] geschwächten Körper trifft, was eine chronische Leistungsminderung auslöst. Die Bezeichnung «Überforderungsreaktion» würde deshalb den Begriff besser umschreiben.

Glossar
[4] Kasuistik = Beschreibung von Krankheitsfällen
[5] endogen = von innen kommend
[6] exogen = von aussen wirkend

Der normale Trainingseffekt

Jedes Training führt zu Anpassungserscheinungen im Bewegungsapparat, im Stoffwechsel, im Nerven- und im Herz-Kreislauf-System. Wenn der neue Trainingsreiz in angemessenem Abstand zum vorausgegangenen gesetzt wird, kann die Leistungsfähigkeit kontinuierlich gesteigert werden. Nebst der Planung der Trainings, beispielsweise im Verlaufe einer Woche mit einer richtigen Dosierung von technischen, intensiven, ausdauernden und erholungsfördernden Trainingsformen, wird in grösseren Zyklen das Schwergewicht auf die vollständige Regeneration des Körpers gelegt. Fallen die neuen Trainingsreize auf einen nicht erholten Körper, können kurzfristig Leistungseinbussen vorkommen. Das kann als Übertraining bezeichnet werden, ist aber unter Umständen bewusst geplant, um nach einer kurzen Erholungszeit von Tagen zu einer höheren Leistungsfähigkeit zu gelangen. Wenn diese Belastung aber zu lange zu hoch ist, besteht die Gefahr der Entwicklung eines Übertrainingssyndroms.

Die Ursachen sind komplex

Hohe sportliche Zielsetzungen stellen für den menschlichen Körper eine Gratwanderung zwischen stetiger Leistungsverbesserung sowie Verletzungen oder Leistungseinbruch dar. Maximale körperliche Belastungen haben vielfältige Einflüsse auf die physischen und psychischen Systeme, die, wenn zu viel, vorübergehend oder länger zu erhöhter Erkrankungs- oder Verletzungsanfälligkeit neigen können. Diese Veränderungen sind schwierig zu erfassen, die Ursachen sind komplex und Aussagen nur unter Berücksichtigung aller möglichen Einflüsse nachzuvollziehen.

Es wurden verschiedene Hypothesen zur Erklärung des Übertrainings aufgestellt: ursachen- oder klinikbezogene sowie pathophysiologische[7] mit dem Ansatz der peripheren oder zentralen Ermüdung oder das sympathikotone[8] und das parasympathikotone[9] Übertraining. Mit diesen Unterteilungen wird die Verschiedenartigkeit der körperlichen und der affektiven Symptome definiert. Sympathikoton bedeutet Überaktivität, Ruhelosigkeit, parasympathikoton kann Lethargie, Lustlosigkeit, sozialen Rückzug oder Depression bedeuten.

Physische Leistungsschwäche

Der Athlet ist verzweifelt, sieht seine Karriere in Gefahr und sucht konkrete Hilfe.

Im Zentrum steht eine physische Leistungsschwäche, die für einen Spitzenathleten bereits ab drei Prozent relevant ist. Der Athlet oder die Athletin klagt zudem über Müdigkeit, auch kognitive Leistungsminderungen, schlechten Schlaf, Nachtschweiss, einen erhöhten

Glossar
[7] pathophysiologisch = krank machender Stoffwechselvorgang
[8] sympathikoton = vom sympathischen, stimulierenden Nervensystem
[9] parasympathikoton = vom parasympathischen, bremsenden Nervensystem

Ruhe- und Belastungspuls. Häufig entstehen durch die Schwächung des Immunsystems Infekte, die, wenn in den oberen Atemwegen lokalisiert, oft nicht wahrgenommen werden und deshalb chronisch verlaufen können.

Häufigkeit

Das Übertraining ist häufig. Es betrifft

- 60 Prozent der Marathonläufer einmal in der Karriere;

- 20 Prozent der australischen Schwimmer einmal pro Jahr;

- einzelne der zirka 40 Kadermitglieder der Schweizer Triathlon-Mannschaft einmal pro Jahr.

Das gewollte Übertraining

Vermehrt gesetzte intensivere oder extensivere Trainingsreize einige Wochen vor einem wichtigen Wettkampf, die eine Superkompensation zur Folge haben, beschreiben wir mit den Begriffen «overload training» und «short-term overtraining». Ein solcher Zustand kann eine längere Erholungsphase notwendig machen, die Tage bis maximal drei Wochen dauern kann.

Mit dem Übertraining meinen wir in der Sportmedizin einen Leistungsabfall.

Die Symptome

In einer von Roger Vogel publizierten Arbeit («Schweizerische Zeitschrift für Sportmedizin und Sporttraumatologie», Seiten 154-162, 2001) werden folgende Beurteilungskriterien zur Definition eines Übertrainingssyndroms genannt:

• Absolutes Trainingsvolumen

• Differenz aus geplantem und effektiv absolviertem Training

• Ruheherzfrequenz

• Am Morgen ermittelte Herzfrequenzdifferenz zwischen Liegen und Stehen

• Psychologische Parameter mittels zweier Fragebogen («POMS» und «Sport»)

• Mindestens einen zweimonatlichen Laktatstufentests.
Wichtig ist bei all diesen Parametern die Abweichung von Vormesswerten.

Athlet und Trainer

Es ist für den Athleten meist sehr schwierig, die Schuld eines Übertrainings bei sich selbst zu suchen. Meist steht die Suche nach einer Krankheit, einem Mangelzustand im Vordergrund. Eine längere Regeneration wird abgelehnt, ja das Training wird anfänglich sogar noch erhöht. Der Leistungsabfall kann damit natürlich nicht gebremst werden. Er wird nur beschleunigt.

Die spärlichen klinischen und laborchemischen Veränderungen können da wenig oder nichts zur Klärung beitragen. Verminderte Schilddrüsen-, Testosteron-, Östradiol-[10], FSH/LH-[11] oder Cortisolwerte[12] können zwar das Problem bestätigen – ihre Behandlung trägt aber selbst kaum zur Lösung bei. Zu oft folgt dann lediglich das Argument, mit der Supplementierung sei alles gelöst.

Diagnose

Nebst der Befragung des Athleten kommt der körperlichen Untersuchung zum Ausschluss einer anderen Krankheit zentrale Bedeutung zu. Weiter gehende Laboruntersuchungen können nur im Verlauf individuell interpretiert werden. Wiederholt konnte ich das Absinken des bei Sportlern routinemässig untersuchten Ferritins[13] mit einer Überbelastung in Zusammenhang bringen.

Während es im Einzelfall oft möglich ist, individuell richtige Zusammenhänge zu finden, ergaben sich aus verschiedenen Arbeiten keine allgemein gültige Folgerun-

Glossar

[10] Östradiol = weibliches Geschlechtshormon
[11] FSH/LH = den weiblichen Zyklus bestimmendes Hormon
[12] Cortisol = Hormon aus der Nebennierenrinde
[13] Ferritin = Eisenspeicher im Körper

gen, um den Endpunkt, das Übertraining, prädiktiv[14] festlegen zu können.

Präventive Empfehlungen

Wichtig sind die Minimierung des Nicht-Training-Stresses, eine sorgfältige Saisonplanung, genügend Erholungszeit nach Interkontinentalreisen, eine sorgfältige und realistische Wettkampfplanung, ein gutes, stressfreies und verständnisvolles Umfeld. Bei Hobbysportlern führen eine ungenügende Grundlagenausdauer und zu unregelmässige Trainings mit sportlichen Exzessen am Wochenende oder falschem Ehrgeiz an Wettkämpfen zum Übertrainingssyndrom.

Für Eliteathleten gelten grob folgende Regeln:

- Wechsle harte und leichte Trainingstage.

- Erhöhe bei guter Grundlagenausdauer nicht Umfang, sondern die Intensität.

- Mache Trainingskontrollen (definierte Strecke mit konstantem Puls im submaximalen Bereich).

- Achte auf eine konsequente Ernährung mit genügend Kohlenhydraten (Getreideprodukte, Früchte).

Häufig begangene Fehler sind zum Beispiel, wenn

- zu viele harte Trainings und/oder Wettkämpfe absolviert werden;

- das Grundlagentraining zu intensiv ist oder der Trainingsplan zu stur umgesetzt wird;

- die richtigen Belastungsintensitäten nicht bekannt sind;

- auf einen erfahrenen Trainer verzichtet wird;

- die Führung eines Trainingstagebuchs als verlorene Zeit betrachtet wird;

- nach dem Training der Zuckerspeicher im Körper nicht wieder aufgefüllt wird.

Ruhephase einschalten

Eine eigentliche Therapie gibt es nicht, Begleit- oder Folgeerkrankungen müssen selbstverständlich behandelt werden. Eine theoretisch mögliche Behandlung mit anabolen Steroiden [15] ist aus sportethischen Gründen nicht zu vertreten. Eine Ruhephase von drei bis sechs Monaten ist meist unerlässlich. Der Athlet muss darauf vorbereitet werden.

Das Wichtigste ist eine neue Definition der Saisonplanung, um konkrete Leistungsanforderungen zu vermeiden. Eine erfolgreiche Sportkarriere dauert Jahre. Ein Übertrainingssyndrom kann eine lehrreiche Erfahrung

Glossar

[14] prädiktiv = voraussagbar

[15] anabole Steroide = muskelaufbauende, dem männlichen Geschlechtshormon ähnliche Hormone

auf diesem Weg sein. Die Sensibilität für den eigenen Körper kann dadurch erhöht und die künftige Belastung besser im Gleichgewicht gehalten werden.

Wichtige Grundsätze sind:

- Eine medizinische zweite Meinung ist oft notwendig und psychologisch hilfreich.

- Ein klares Krisenmanagement ist notwendig.

- Eine polysportive Tätigkeit muss etabliert werden.

- Das Selbstvertrauen des Sportlers ist zu stützen.

- Gezielte Trainingsreize können den Athleten aus der Lethargie herausholen.

- Psychologische Stützung, Planung der Freizeitgestaltung;

- alternativer Sport in einer anderen Disziplin ohne Leistungsbezug;

- ausgewogene Ernährung mit reichlich Proteinen;

- regenerative Massnahmen (Sauna, Massage);

- Nahrungssupplemente (Vitamine, Aminosäuren, Kreatin und anderes) sind nötig.

Zusammenfassung

Mit dem Burn-out bei Berufstätigen und dem Überforderungs- oder Übertrainingssyndrom beim Sportler meinen wir ein und dieselbe Situation bei unterschiedlichen Personengruppen. Ursachen, Beschwerden und Folgen sind grundsätzlich die gleichen.

Während der Sportmediziner in einer Übertrainingssituation fachlich sehr gefordert ist, ein aufwendiges Abklärungs- und Begleitungskonzept vom Sportler selbst, manchmal noch mehr aber von Eltern, Trainer, Teamverantwortlichen gefordert wird, läuft die Betreuung eines Nichtsportlers im Allgemeinen ruhiger ab. Letzterer akzeptiert schneller die komplexen Zusammenhänge und lässt sich auch einfacher auf der psychologischen Ebene helfen.

Dass es für den Sportler so schwierig ist, die Situation zu akzeptieren und Hilfe anzunehmen, hat wohl vor allem folgenden Grund: Ein erfolgreicher Sportler ist zum Zeitpunkt einer solchen Situation deutlich jünger, hat bisher kaum Rückschläge einstecken müssen und hat demnach noch keine Konzepte zur Bewältigung solcher Krisen.

Eine erfahrene Autoritätsperson hat es somit einfacher, die Führungsrolle zu übernehmen. Die Führung ist eine Gratwanderung zwischen persönlicher Überzeugungskraft und der notwendigen, minimalen Untersuchungen zur Dokumentation. Tatsache ist, dass vielfältig eingeholte, gut gemeinte Abklärungs- und Behandlungsvorschläge von Laien und Fachpersonen eine erfolgreiche Betreuung gefährden. Zu viele Ratschläge können auch verunsichern.

Für den Spitzensportler ist es schwierig, die Situation zu akzeptieren.

Adrian Burki (1951) ist Facharzt für allgemeine Medizin FMH, Sportmedizin SGSM und manuelle Medizin SAMM.
Der Vater von vier Töchtern führt seit 1986 eine Praxis für allgemeine Medizin in Solothurn. Seine Hobbys sind Sport, Kunst und Musik.
Burki ist Head Medical des Schweizer Triathlon-Nationalkaders. Er war bei den Olympischen Sommerspielen in Sydney (2000) und Athen (2004) Mitglied des Swiss Olympic Medical. Burki ist auch Regional-, Stützpunkt- und Mannschaftsarzt in diversen Sportarten. Er ist Leiter des SportMed Solothurn Regio, einer von Swiss Olympic anerkannten Sport Medical Base (Stützpunkt).
Adrian Burki war Gründungsinitiator und acht Jahre OK-Präsident des Solothurner Triathlons. Seit 2003 ist der Präsident des Triathlon-Clubs Solothurn. Als Radprofi bestritt Adrian Burki 1976 die Tour de Suisse. Seit 1986 ist er aktiver Triathlet. Er hat schon an diversen Langdistanz-Rennen (Ironman, Gigathlon) teilgenommen.
Als Kunstinteressierter war er während elf Jahren Präsident des Künstlerhauses in Solothurn.

5. KAPITEL

Betroffene erzählen

Silvia S. erschrak selber, nachdem sie die alte Patientin angeschrien hatte.

Bruno M. hatte Angst und rannte aus dem Schulzimmer, begleitet vom Gelächter der Klasse.

Ronald S. spürte, dass er diesem enormen Druck nicht länger standhalten konnte.

Ingrid W. schluckte eine kleine Pille und fühlte sich grossartig. Für einen Moment wenigstens.

Man spricht nicht darüber

Burn-out ist noch immer ein Tabuthema. Trotz der öffentlichen Bekenntnisse von Rolf Schweiger (ehemaliger FDP-Präsident) oder Sven Hannawald (deutscher Skispringer). Der Begriff «Burn-out» ist für nicht Betroffene abstrakt. Die Krankheit kann man nicht sehen. Man fühlt sie vielleicht, aber auch nur dann, wenn man einen Burn-out-Patienten näher kennt.

Vier Betroffene erzählen ihre Geschichten. Sie sollen zum Nachdenken anregen. Der Journalist Thomas Knapp hat sie aufgezeichnet.

Keiner hörte Silvias Hilferufe

Silvia S. (42) arbeitete in einem Spital in einer mittelgrossen Schweizer Stadt. Die Krankenschwester ist mit einem Architekten verheiratet, das Paar ist kinderlos. «Der Job in der Geriatrie machte mir grossen Spass», sagt Silvia rückblickend. Die unregelmässigen Arbeitszeiten, die Wochenenddienste und die grosse Verantwortung habe sie gerne in Kauf genommen. Ja, sie habe in ihrem Beruf eine tiefe Befriedigung gefunden.

Vor ein paar Monaten ist sie aus der gemeinsamen Wohnung ausgezogen. «Wir haben uns einfach auseinander gelebt», sagt Silvia. Es sollte eine Trennung auf Zeit sein, wie sie betont. «Ich spürte plötzlich eine Unruhe in mir, die ich mir nicht erklären konnte. Ich wollte nur noch allein sein.»

Der gemeinsame Freundeskreis reagierte mit Distanz auf die Trennung. «Vielleicht auch deshalb, weil ich mich nicht öffnete, mich in meine kleine Wohnung zurückzog.» Sie sei richtig «ungeniessbar» geworden, erzählt sie. «Ja, manchmal wurde ich sogar aggressiv.» Das spürten auch die pflegebedürftigen Patienten. Früher war Silvia die Ruhe selbst. Doch irgendwann habe sie die Nerven verloren und sogar eine Patientin angeschrien. «Ich erschrak selber», sagt sie. Die routinierte Krankenschwester fühlte sich immer mehr überfordert. Während Wochen hielt dieser Zustand an. Schliesslich bezog sie einen Monat Ferien. «Mein Vorgesetzter zeigte Verständnis. Auch als ich ihn bat, noch einen Monat unbezahlten Urlaub nehmen zu dürfen.» Silvia erzählte ihrem Chef, sie ginge auf eine Weltreise. «Das war gelogen. Ich wollte oder konnte einfach nicht akzeptieren, dass mit mir etwas nicht stimmte. Ich wollte mich nicht krankschreiben lassen.»

Während Wochen hat sie hinter verschlossenen Rollläden in ihrer Wohnung dahingesiecht. Allein mit der Wahrheit. Nur zu ihrem Ehemann hatte sie in dieser Zeit Kontakt. Silvia traf ihn gelegentlich in einem Restaurant zum Kaffee. «Ich erzählte ihm, dass ich eine Auszeit genommen habe, um wieder zu mir selber zu finden. Er aber glaubte, ich brauchte diese Zeit, damit ich wieder zu ihm fände.»

Nach zwei Monaten des Grübelns und des Nichtstuns fasste sich Silvia ein Herz. «Es gab für mich nur zwei Möglichkeiten: Entweder gehe ich drauf, oder ich rapple mich auf.» Sie wählte die zweite Variante und vertraute sich einem Arzt an. Zwei Monate dauerte die Therapie in der Klinik. «Endlich konnte ich mit Leuten reden, die mich verstanden.» Fühlte sie sich vorher unverstanden? «Ja. Ich brauchte Hilfe. Ich schrie um Hilfe. Selbst mein Mann verstand mich nicht.»

Und die Kolleginnen und Kollegen im Spital? «Sie merkten schon, dass ich in letzter Zeit etwas komisch gewesen war.» Silvia hält kurz inne: «Viele hatten aber genug mit sich selber zu tun.»

Heute arbeitet Silvia in einem Heim für sozial auffällige Kinder. Sie steht kurz vor der Scheidung und hat einen neuen Partner.

Silvia hat die Nerven verloren und eine Patientin angeschrien.

Bruno verliess das Schulzimmer

«Ich wählte den Lehrerberuf, weil ich gerne mit jungen Menschen arbeitete», sagt Bruno M. Der 61-Jährige wirkt beim Erzählen matt, sein Blick ist traurig. Er sitzt auf der Terrasse, seine Frau bringt ihm einen Kaffee. «Wir haben zwei Kinder. Die Tochter arbeitet als Kindergärtnerin, der Sohn ist Informatiker.»

Brunos Hand zittert, als er die heisse Kaffeetasse hebt. Er redet leise. Und er spricht nicht gern über die Vergangenheit. Vor zwei Jahren musste er den Lehrerberuf aufgeben. Nach über 30 Jahren Schuldienst. Er wurde vorzeitig pensioniert, nachdem er ein Jahr lang krankgeschrieben war. «Ich kenne Kollegen, die ein Burn-out hatten. Aber dass es mich treffen würde, hätte ich nie gedacht.»

Die letzten Jahre als Lehrer haben ihm zugesetzt. 13- und 14-Jährige unterrichtete er zuletzt in Geschichte, Geografie und Deutsch. «Ich hatte einfach die Nerven nicht mehr.» Seine Art, Schule zu geben, kam bei den Schülern nicht mehr an. Sein väterlicher, gutmütiger Umgangston wurde von einigen ausgenutzt. «Und bei schlechten Noten gab es Schüler, die gleich mit den Eltern anrückten.» Er sei einmal sogar vom Vater einer Schülerin massiv bedroht worden. «Plötzlich war der Tag nur noch mit Schule ausgefüllt.» Er habe nicht mehr abschalten können. Er bereitete sich noch gewissenhafter auf die Lektionen vor als sonst. Aber er verlor im

Unterricht trotzdem gelegentlich den Faden. Und als er einmal einen Schüler nach einer schlechten Prüfung tadeln wollte, «pflanzte» sich dieser vor ihm auf. «Er war einen Kopf grösser als ich und hob drohend die Hand.» Bruno hatte Angst und rannte aus dem Schulzimmer, begleitet vom Gelächter der Klasse. «Den Rest können Sie sich vorstellen.»

Bruno ging zum Schulvorsteher und danach zum Arzt. Seit jenem Zwischenfall hat er nie mehr ein Schulzimmer betreten.

Bruno wurde nach über 30 Jahren Schuldienst vorzeitig in den Ruhestand geschickt.

Ronald zeigte Schwächen

Ronald S. (39) war ein Typ, der nur so vor Selbstvertrauen strotzte. Gross, dunkelhaarig, gut gekleidet. Nach der Ausbildung zum Bankkaufmann besuchte er in den letzten Jahren regelmässig Weiterbildungskurse. «Ich war ein Streber», sagt er salopp. Vom Ehrgeiz getrieben, schaffte er in einer Grossbank den Aufstieg bis zum Abteilungsleiter. Sein dynamisches Auftreten, seine höflichen Umgangsformen und sein Fachwissen seien von den Vorgesetzten geschätzt worden, erzählt Ronald.

Zwei Restrukturierungen habe er miterlebt. Bei der ersten seien dreissig Leute seiner Abteilung entlassen worden. «Auch Kollegen mit Familien», erzählt Ronald. Er selbst hat keine Kinder.

Eines morgens sei er in die Direktion gerufen worden. «Herr S., wir wollen von Ihnen eine Liste mit zwanzig Namen!» Bei der zweiten Restrukturierung innerhalb von ein paar Monaten musste Ronald nun beschliessen, wer gehen musste und wer bleiben durfte. «Ich war dieser Aufgabe nicht gewachsen. Das lernt man in keiner Schule.» Er sei unsicher geworden und habe während Wochen schlecht oder gar nicht mehr geschlafen. Und als in seiner Abteilung noch ein gravierender Fehler passierte, der die Bank eine stattliche Summe kostete, nahm der Druck weiter zu. «Ich spürte ihn von unten und von oben.» Kollegen, mit denen er jeweils regelmässig über Mittag essen gegangen war, hatten nun hunderttausend Ausreden parat, um ihn nicht mitzunehmen. «Wir haben etwas Privates zu besprechen.» Oder: «Wir holen uns nur ein Sandwich.»

Ronald war überfordert, er war dieser Situation nicht gewachsen. Er fühlte sich von den Kollegen ausgestossen. Selbstzweifel plagten ihn. Aus dem Strahlemann war ein ängstlicher Mensch geworden. Auch seine Fassade konnte er nicht bewahren.

Er erinnert sich nur ungern an jene Besprechung zurück, als er mit zwei Vorgesetzten am langen Sitzungstisch sass. «Ich konnte gerade noch die Hand vor den Mund halten und mich abdrehen. Dann musste ich mich vor den Augen meiner Kollegen übergeben.» Er habe gar keine Ausreden gesucht. Nein, schlecht gegessen habe er nicht, antwortete er seinen fragenden Kollegen. Er spürte, dass er diesem enormen Druck auf die Dauer nicht würde standhalten können.

Ronald wurde krankgeschrieben. Die Diagnose: Burnout. Für ihn sei eine Welt zusammengebrochen. Er begab sich in Therapie, wollte so schnell wie möglich in den Arbeitsprozess zurück.

Nach zwei Monaten Auszeit fuhr Ronald wieder ins Büro. Sein Pult war leer geräumt, seine persönlichen Sachen lagen in einer Plastikkiste neben dem Bürostuhl. Niemand in der Abteilung fragte ihn nach seinem Befinden. Allenfalls ein beiläufiges «Wie gehts?».

«Das waren klare Signale», sagt Ronald. Ihm wurde ein anderer Job angeboten. «Aber ich hätte wieder ganz unten anfangen müssen.» Er lehnte das Angebot ab und wurde sofort freigestellt.

Ronald arbeitet heute in der Finanzabteilung eines Versicherungskonzerns.

Nachtrag: Kurze Zeit nach Ronalds Abgang bei der Bank wurden zwei ehemalige Kollegen krankgeschrieben: Burn-out!

Ronald war überfordert. Aus dem Strahlemann war ein ängstlicher Mensch geworden.

Ingrid lernt wieder leben

«Ich lebte voll am Leben vorbei», sagt Ingrid W. (52). Vor drei Jahren liess sich ihr Mann von ihr scheiden, «wegen einer Jüngeren», bemerkt Ingrid. «Wir führten aber längst keine Ehe mehr.» Nein, sie sei in kein Tief gefallen. «Ich lernte wieder nette Menschen kennen, fand einen Teilzeitjob als Telefonistin und genoss das Leben in vollen Zügen.»

Ingrid, eine attraktive Frau mit einem selbstbewussten Auftreten, wollte sich nicht wieder fest binden. «Männergeschichten ja, aber mehr nicht.» Fast jeden Abend begab sie sich in den Ausgang. Von einem In-Lokal fühlte sie sich besonders angezogen. Dort hatte es Herren, die ihr an der Bar gerne ein Cüpli spendierten. Die Mutter zweier erwachsener Kinder liess sich diesen Service gern bieten. «Doch ich habe mir immer klare Grenzen gesetzt: Ich wollte nicht zum Luder werden.»

Fast ein Jahr lang gestaltete sie ihr Leben mit arbeiten, Ausgang und flüchtigen Bekanntschaften. «Das war wirklich kein Leben», sagt Ingrid rückblickend. «Das war eigentlich gar nicht ich, die da durch die Tage und Nächte rauschte.»

Zuerst wurde sie von starken Kopfschmerzen geplagt. Ingrid fühlte sich während Wochen schlecht. Sie schluckte Tabletten, die sie von ihrem Hausarzt verschrieben bekommen hatte. Sie brachten nur wenig Linderung. Auch Schlafmittel nahm sie nun regelmässig. «Sonst hätte ich überhaupt kein Auge mehr zugetan.»

Und schliesslich besorgte sich Ingrid über das Internet Antidepressiva. «Wenn ich eine Pille genommen hatte, fühlte ich mich sogleich besser», erzählt sie. Um anzufügen: Als die Wirkung nachgelassen habe, sei es noch viel schlimmer gewesen als zuvor. Sie zog sich immer mehr zurück, mied das In-Lokal. «Aufs Blaue hinaus habe ich dann meine Stelle gekündigt.»

Ihr Körper reagierte auf den Medikamentenmix. Zuerst rötete sich die Haut, dann wirkte Ingrids Gesicht aufgedunsen. Sie litt auch unter Appetitlosigkeit. «Ich war nicht wiederzuerkennen und nahm innerhalb weniger Wochen fast zehn Kilos ab.»

Ingrids Tochter erschrak, als sie ihre Mutter einmal besuchte. «Sie packte mich ins Auto und fuhr direkt zu einem Bekannten, der Heilpraktiker ist», erinnert sich Ingrid. Sie liess sich in eine Klinik einweisen, um ihren Körper zu entgiften.

«Ich war total ausgebrannt. Ich fühlte eine Leere in mir. Es war, als stünde ich ganz allein in der Mitte einer riesigen leeren Fabrikhalle.»

Die schlimmste Zeit hat Ingrid hinter sich, aber ihr Weg zurück ins Leben ist noch weit. Sie macht sich keine

Illusionen: «Was ich mir angetan habe, lässt sich nicht von heute auf morgen beheben.» Alkohol, Medikamente, Einsamkeit, Scheinwelt: Alle Spuren lassen sich wohl nie mehr verwischen.

Ingrid konnte die Klinik nach einem halben Jahr wieder verlassen. Zweimal in der Woche besucht sie einen Therapiekurs. Ihre Wohnung in der Stadt hat sie aufgegeben und ist in die Nähe der Familie ihrer Tochter gezogen. Und vor kurzem ist Ingrid Grossmutter geworden: «Das Leben hat wieder einen Sinn.»

«Wenn ich eine Pille genommen hatte, fühlte ich mich sogleich besser.»

EPILOG

Thomas Knapp

Schön, ich lebe wieder!

Meine Geschichte gehört zu mir – und umgekehrt. Ich wollte mich nicht hinter einem Pseudonym verstecken.

Die schwersten Tage in meinem Leben

Die Leidenszeit der vergangenen Monate ist vorbei. Aber ich denke intensiv an die schweren Tage zurück. Es waren die schwersten in meinem Leben. Ich will nicht vergessen, was ich durchgemacht habe. Nur so kann ich das Erlebte verarbeiten.

Die Erinnerung daran wird mich fortan begleiten. Ich kann mit ihr umgehen. Sie bedrückt mich nicht. Sie macht mich nicht froh. Sie lässt mich nicht kalt. Sie hilft mir nicht. Sie quält mich nicht. Sie ist einfach nur da. Sie lässt mich aber nie mehr los.

Mit diesen Erinnerungen habe ich versucht, die vielen Facetten des Burn-out-Syndroms aufzuzeichnen. Wenn es mir schlecht ging, kritzelte ich meine Gedanken auf einen Zettel. Später habe ich die zum teils wirren Wortfetzen auf kleinen Zetteln als ganze Sätze in den Computer getippt. Entstanden ist meine persönliche Geschichte. Ich wollte nichts beschönigen und nichts dramatisieren.

Kein Burn-out verläuft nach dem gleichen Muster. Jedes Burn-out-Opfer hat seine eigene Geschichte. Das habe ich in Gesprächen mit Betroffenen erfahren.

Anderen ist es noch weit schlimmer ergangen als mir. Sie wurden aus dem Leben gerissen. Auch nach Jahren müssen sie noch immer betreut werden. Sie sind gebrochene Menschen. An einen geregelten Alltag können sie nicht denken. Ich bin dankbar, dass meine Geschichte ein anderes Ende gefunden hat.

Am Anfang dieses Buches stand ein Büchlein, das ich meiner Frau zu Weihnachten geschenkt habe. Ein erster Entwurf meiner Geschichte habe ich auf Computerpapier ausgedruckt und ihn liebevoll zwischen zwei selbst gebastelte Buchdeckel geleimt.

Einen Entwurf habe ich zwei befreundeten Journalisten zum Lesen gegeben. Sie haben mich dazu ermuntert, den Text nochmals zu überarbeiten. Er kam ziemlich ungeordnet daher, so wie meine Gedanken damals während des Schreibens: fahrig und unkontrolliert. Aber von tief innen.

Mein Dank gilt meinem Arzt Adrian Burki sowie Daniel Zanetti und Andreas Lüthi, die ich während meines Burn-outs kennen gelernt habe. Der Arzt, der Kommunikationsprofi und der Lebenstherapeut haben spontan zugesagt, meine Geschichte mit ihren Erfahrungen zu ergänzen.

Auch als das Buchprojekt aufgegleist war, stellten sich mir einige Fragen. Ich wusste beispielsweise nicht, wie die Leute meine Offenheit aufnehmen würden. Hätte das Konsequenzen für meine berufliche Zukunft? Aber ich habe nie in Betracht gezogen, unter einem Pseudonym zu schreiben. Meine Geschichte gehört zu mir –

und umgekehrt. Ich wollte mich nicht hinter einem Namen verstecken.

Ich stehe zu meinen Problemen, ich akzeptiere, was gewesen ist. Jetzt hoffe ich, dass viele Menschen mein Buch lesen. Die seelische und körperliche Erschöpfung kann nämlich jeden treffen. Die bleierne Müdigkeit kann jeden erdrücken. Und wer einmal von den Krallen des Raubvogels gepackt wird, kommt nicht mehr so schnell los.

Der Raubvogel kreist noch immer weit oben über meinem Kopf. Doch er wirkt nicht mehr bedrohlich. Ich habe keine Angst mehr vor ihm. Er kann mir nichts mehr anhaben. Er wird sich nicht auf mich hinabstürzen. Ich habe ihn gezähmt. Hoffentlich für den Rest meines Lebens.

Irgendwann muss man die Krankheit akzeptieren.

Der beschwerliche Weg aus der Dunkelheit ins Licht.
Die Erinnerung daran wird mich fortan begleiten.

Die Fotografin

Adriana Bella-Besson ist 1973 in Bratislava, Slowakei, geboren. 1978 kam sie in die Schweiz. Sie absolvierte die Ausbildung zur Primarlehrerin.

Bei der Gruppe autodidaktischer Fotografen erlernte sie das fotografische Handwerk. Während eines dreijährigen Auslandaufenthaltes im Sinai, in Ägypten und in Indonesien war Adriana Bella-Besson als Tauchlehrerin und als Kamerafrau tätig. Seit April 2002 arbeitet sie für das «Solothurner Tagblatt» und als freischaffende Fotografin.

Gott ist mächtig. Er kann Wege aus der Ausweglosigkeit weisen, er kann das dunkle Gestern in ein helles Morgen verwandeln.

Marthin Luther King
Theologe, amerikanischer Negerführer, 1929 – 1968

Legen Sie dieses Buch nicht beiseite, wenn Sie es gelesen haben. Schenken Sie es einem lieben Menschen, der Ihnen nahe steht.